인생의 나침반

– 누가 인생이 허무하다고 말하는가 –

초판 인쇄 | 2018년 1월 2일
초판 발행 | 2018년 1월 5일

지은이 | 엄원용
발행인 | 최안치

펴낸곳 | 제이플러스애드
출판등록 | 1994년 3월 28일 제10-954호
주　소 | 서울시 서대문구 연희동 192-17 3층
연락처 | 전화(02)335-1155　팩스(02)333-7485

ISBN 978-89-86871-42-5(03810)
값 12,000원

· 이 책의 수익금은 청소년 복지와 선교를 위해 사용됩니다.

인생의 나침반

– 누가 인생이 허무하다고 말하는가 –

엄 원 용 지음

제이플러스 애드

CONTENTS

04 허무에의 극복 / 71

05 인생의 소중함 / 88

들어가는 말

〈시편 90편 11절에는 "우리의 연수(年數)가 칠십이요 강건하면 팔십이라도, 그 연수의 자랑은 수고와 슬픔뿐이요, 신속히 가니 우리가 날아가나이다."라는 말이 있다. 누가복음 12장 19-20절에는 "내가 내 영혼에게 이르되, 영혼아, 여러 해 쓸 물건을 많이 쌓아 두었으니 평안히 쉬고 먹고 마시고 즐거워하자 하리라 하되, 하나님께서 이르시기를, 어리석은 자여, 오늘 밤에 네 영혼을 도로 찾으리니 그러면 네 예비한 것이 뉘 것이 되겠느냐?"라고 했다.

허무하고 무상(無常)한 것이 인생이다. 그래서 성경은 "내일 일을 너희가 알지 못하느니라"(야고보서 4장 14절). 또 "주의 날이 밤에 도적같이 이를 줄을 알라."(데살로니가전서 5장 2절). 그러니, "너는 내일 일을 자랑 마라. 하루 동안에 무슨 일이 날는지 네가 알 수 없음이라."(잠언 27장 1절). 그래서 이 세상은 나그네가 잠시 머물렀다 가는 여관(旅館)과 같으니, 인생은 뜬 구름처럼 헛되고 허무하다고 말한다. 장(長)한 세월 초로인생(草露人生)이요, 오늘의 홍안(紅顔)이 내일이면 백골로 변하는 것이 우리의 인생이다.

70, 80세가 된 노인들은 하나같이 세월이 빠르다고 말한다. 세월이 유수(流水)라는 말이 있듯이, 참으로 빠른 것이 세월이다. 엊그제 학창시절이 어느새 중년이 되고, 또다시 늙어 노인이 되는 것이다. 엊그제는 젊은

청춘이었는데, 어느새 머리에는 살구꽃이 피고, 세상을 떠날 날이 얼마 남지 않게 되니 세월의 빠름과 무상함을 느끼는 것은 당연한 것이다.

그런데 이런 허무감은 나이에서 오는 것만은 아니다. 일이 잘 안 풀릴 때, 사업이 망했을 때, 이런저런 일로 견디기 어려운 고통을 당할 때, 희망은 멀리 도망가고 대신 좌절이 찾아오는 것이다. 그런데, 이러한 인생을 이해하지 못하면 인생의 허무함에 우울증에 빠지거나 심지어는 자살하는 경우까지 생기는 것이다.

인간은 생각하는 동물이기 때문에 나이가 들면서 내가 진실로 잘 살고 있는지, 어떻게 사는 것이 잘 사는 인생인지, 인생에 대해서 생각하게 되고, 죽음 대해서도 생각해 보고, 왜 죽어야 하나, 죽으면 어디로 가나. 등을 생각하지 않을 수 없게 되는 것이다. 그리고 인간의 실존(實存)을 생각 보고, 인간이 누구인가를 생각해 보게 되는 것이다.

필자는 철학자는 아니지만, 기독교인으로서 성경을 읽으면서 인생에 대하여 생각한 바를 몇 줄 적어 보았다. 주로 불교와 성경에 근거를 두고 인간이 누구인가와, 왜 죽어야 하는가, 왜 신 앞에서 인간은 무기력한 존재인가. 그리고 고생을 하다가 죽을 수밖에 없는 허무한 인생인가 등을 살펴보았다. 또 인간의 삶은 고통의 연속이라는 것과, 그 고해(苦海)와 같은 세상에 살면서 어떻게 사는 것이 허무를 극복하는 길인가를 생각해 보았다. 읽는 분들에게 조금이라도 도움이 되었으면 한다.

2018년

지은이 씀

01. 인간 본질에 대한 탐구

인간에 대한 상황,
즉 인간을 어떻게 이해하고 평가하는가 하는 것은
사람마다 또 종교마다 다를 수 있다.
그러나 모든 종교는 인간에 대한 공통분모가 있다.
예를 들어 기독교의 원죄(原罪)나,
불교의 고해(苦海) 같은 인간 실존(實存)에 대한
부정적 평가가 그 대표적인 예이다.

01. 인간 본질에 대한 탐구

'인간은 누구인가'에 대한 탐구는 철학자나 사상가들뿐만 아니라, 아득한 옛날 인류가 태어나서부터 모든 인간이 가져본 문제가 아닐까 생각한다. 원시인들도 가족들 중에 어느 한 사람이 병에 걸려 고생하거나, 혹은 끔찍한 자연재해 앞에 힘없이 죽어가는 것을 보면서 '인간은 누구인가'를 한 번쯤은 생각했을 것이다. 때로는 천둥, 번개, 홍수, 화산, 맹수 등, 불가사의한 자연이 공포의 대상이 되기도 하고, 또는 죽은 이들의 혼이 죽지 않고 살아 있어 산 사람들을 지배하고 있는 것이 아닌가 하는 생각도 해보았을 것이다. 그리고 죽음의 공포를 접하면서 사후의 세계에 대해서도 생각했을 것이다.

이런 생각은 고도로 발달한 현대문명 속에 사는 우리들도 마찬가지이다. 세상과 인간에 대한 근본적인 물음, 곧 인생관에 대한 질문은 좀 더 삶을 진지하게 살아보려는 사람이라면 누구나 한두 번쯤은 가져본 것들이다. 우리가 틈틈이 책을 읽고, 여행을 하고, 때로는 묵상하는 것도 따지고 보면 좀 더 인생을 탐구하고 보람 있게 보내려는 의도에서가 아니겠는가! 또 누구든지 참을 수 없는 고통에 시달리는 가운데, 또 허무하게 죽어가는 사랑하는 사람들을 보면서, '인간은 누구인가'를 생각해 보는 것은 자연스러운 현상인 것이다.

인간은 지구 상의 모든 동물 가운데서도 육체적으로 가장 연약한 존재라고 말한다. 맹수처럼 날카로운 이빨이나 발톱을 가진 것도 아니요, 그렇다고 힘이 센 것도 아니다. 또 빠르지도 않다. 다만 인간이 다른 동물보다 나은 것은 생각하는 존재이기 때문이다. 인간이 만물의 영장이 된 것도 바로 생각하는 기능을 가지고 있기 때문이다. 그런데 이런 존재이기 때문에 동물들이 하지 못하는 인간의 삶, 곧 인간의 실존(實存)에 대한 생각을 하게 되는 것이다.

'인간은 누구인가'를 가장 잘 말해주고 있는 것은 아마 종교가 아닐까 한다. 기독교나 불교 혹은 유교나 무속(巫俗) 같은 모든 종교의 그 바탕에는 인간의 삶에 대한 이야기가 깔려 있다. 인간의 탄생과 질병, 죽음, 죽은 뒤의 세상 이야기, 그리고 이런 상황 속에서 어떤 삶을 살아야 하는가를 제시해 주고 있다.

인간이 감당할 수 없는 무서운 고통과 죽음을 앞에 놓고, 연약한 인간이 취할 수 있는 방법 중의 하나는 아마 초월적인 대상을 찾는 일일 것이다. 인간은 삶에서 오는 공허감과 무상감, 그리고 불안과 공포와 좌절에서 벗어나기 위해, 그 대상을 찾고, 그를 의지하고, 숭배하면서 문제를 해결하려고 하는 것이다. 절로, 교회로 찾아가는 이유가 여기에 있다. 사실 종교(宗教)라는 언어학적 정의도 영어로 릴리전(Religion), 라틴어로 렐리기오(Religio)로 표시하는데, 이는 '삼가 경의를 표한다' '헌신한다' '신봉한다' 등의 뜻이다.

에밀 뒤르껭은 프랑스어로 출간한 그의 책 「종교생활의 기본 형태」에서 종교를 정의하기를, '성스러운 것에 대한 체험'이라고 말했다. 또 루돌프 오프는 「성스러움」이라는 책에서, 무한한 자와의 접촉에서 오는 경외감 등으로 말하고 있다. '초월적인 절대자를 믿고 숭배하는 일', 이는 곧, '신과 인간과의 관계'를 말하는 것으로 유신론적(有神論的) 관념을 중심으로 규정한 것이다. 사람이 초인간적인 위력을 인식하고 이에 대한 신뢰의 정을 느끼며, 희생을 바치고, 기원하고, 예배하며, 나아가서는 제사의식을 행하고, 의무 관념에서 복종하며, 미래의 불안에서 벗어나 행복을 찾고자 하는 것이 종교생활인 것이다.

종교는 옛날이나 지금이나 서양에서나 동양에서나 보편적인 인간의 활동이었던 것이 분명하다. 학자들에 의하면 종교가 출현한 것은 십만 년 전이라고 한다. 그러나 종교는 인간이 이 지구 상에 출현하면서부터 거의 동시에 생긴 것이 아닌가 생각한다. 막스 뮬러는 「동방의 성전」 이라는 책에서, 하늘, 땅, 달, 불, 천둥과 같은 말의 언어학적 어근이 모든 종교와 유사성을 가지고 있다고 주장했다. 또 인간은 어떤 형태의 것이든 종교를 갖고 있다고 말한다. '참호 속에 갇혀 있는 사람은 무신론자가 하나도 없다.'라고 했다. 신(神)이 없다고 말하는 사람들도 그들의 잠재의식 속에는 어떤 초능력에 대한 두려움이 내재해 있음을 부정할 수는 없는 것이다.

인간에 대한 상황, 즉 인간을 어떻게 이해하고 평가하는가 하는 것은 사람마다 또 종교마다 다를 수 있다. 그러나 모든 종교는 인간에 대한 공통분모가 있다. 예를 들어 기독교의 원죄(原罪)나, 불교의 고해(苦海)라는 인간 실존(實存)에 대한 부정적 평가가 그 대표적인 예이다. **기독교에서는 원죄에서 벗어나기 위해 예수를 믿어야 하고, 불교에서는 인간의 자기애(自己愛)에 따른 집착과 갈망이 번뇌를 낳는 원인이 되므로, 이에**

서 벗어나야 한다라고 말한다. 또 하나 공통분모는 인간은 비록 불행 속에 살아가지만, 그 현실적 상황에만 머무르려 하지 않고, 인간이 마땅히 존재해야 할 바나, 마땅히 존재할 수 있는 더 좋은 상태로 나가려고 노력한다는 것이다. 즉 육체적으로나 정신적으로 위기의 극복을 바라고, 행복한 생활이 되기를 바라며, 또 인간 세상의 무상을 넘어 영원한 것을 바라는 것이다. 아무튼 이런 종교적 현상은 애니미즘과 같은 차원이 낮은 원시종교로부터, 더 나아가 불교나 기독교와 같은 차원이 높은 종교로까지, 이것을 통해 인간이 누구인가를 생각하게 하고, 또 이런 고통의 세계에서 종교를 통해 벗어나는 길을 찾고자 했던 것이다. 그런 의미에서 종교는 인간 존재의 물음에 대한 답이며, 인간이 본연의 마음으로 돌아가 삶의 도리를 스스로 찾기 위한 정신적인 몸부림의 산물이라고 말할 수 있다. 다시 말해 종교를 보면 인간이 누구인가를 알 수 있다는 것이다.

특히 성경은 앞에서 말한 것처럼, 인간의 삶과 죽음과 구원에 관하여 말한 대표적인 책이다. 성경 66권 중에 구약은 기독교의 뿌리로, 하나님의 천지창조(天地創造)로부터 시작하여, 인간의 창조와 타락, 그리고 예수 그리스도가 탄생하기 전까지의 이야기이며, 신약은 기독교의 시작으로, 예수 탄생 이후 예수의 일생에 대한 기록과, 인간의 구원, 그리고 그 제자들이 기독교 복음을 전파하는 수많은 이야기들로 되어 있다. 그래서 성경을 살펴보면 '인간은 누구인가?' '어디서 왔으며, 어디로 가는가?' '삶의 목적이 무엇인가?' '어떻게 사는 것이 바르게 사는 것인가?' '사후의 세계를 어떻게 이해하고 있는가?' 등을 알 수 있게 한다.

02. 성경이 말하는 인간

인간은 하나님의 피조물로 죽을 수밖에 없는 몸이다.
이것은 인간이 마음대로 할 수 없는 한계성을 말해 준다.
또 인간은 잠깐 나타났다 사라지는 아침이슬과 같은
존재로, 헛되고 헛되며 무상한 것이 인생이다.
그래서 잠시 이 세상에 나왔다가 다시 어디론가 가야 하는
나그네와 같은 존재이다.

02. 성경이 말하는 인간

1. 인간은 피조물이다

이 세상에는 많은 종교가 있지만, 인간이 누구인가에 대한 근본적인 물음에 대한 답을 잘 말해주는 것은 아마 성경 만한 것도 없지 않나 생각한다. 다른 종교들은 이미 만들어진 인간의 현상을 가지고 말하고 있는데, 성경은 인간이 어떻게 이 세상에 나오게 되었는가부터 자세히 설명해주고 있다. 예를 들어 불교는 최초 우주만물을 창조한 창조주가 없고, 이미 존재하고 있는 흙, 물, 바람, 불 등 기본 물질이 연기(緣起)에 의해, 다시 말해 자기가 지은 업(業)에 따라 윤회전생(輪回轉生)하며, 오온(五蘊)으로 흩어졌다 모아졌다 하기를 계속해서 반복한다고 말한다. 무속에서도 인간이 누구인가를 말해주지 않는다. 그저 착하게 살다 죽으면 선령(善靈)이 되고, 악하게 살거나 원한에 사무쳐 죽으면 악령(惡靈)이 된다는 것 밖에 없다. 유교에서도 인간의 근원은 조상 곧 부모라고만 말을 하고 있을 뿐, 최초로 인간이 어떻게 해서 이 세상에 나왔는가에 대한 설명이 없다.

성경의 이야기는 하나님의 천지창조로부터 시작한다. 성경은 과학적 교과서는 아니지만 과학적 사실을 이야기할 때마다 그것을 오류 없이 기록하도록 되어 있다. 성경의 맨 첫 장인 〈창세기〉 1장은 "태초에 하나님이 천지를 창조하시니라"(창 1:1)라고 되어 있다. 이는 하나님에 대한 위대한 신앙고백이요 선언이다. 이 신앙고백 속에는 적어도 하나님에 대한 존재와, 시간과, 공간 위에, 천지창조라는 절대적(絶對的) 의미가 함축되어 있다.

기독교에서의 하나님은 엘(El), 아도나이(Adonai), 야훼(Yahweh), 여호와(Jehovah) 등의 이름으로 불리었다. 이는 '전지전능(全知全能)한 자', '영원한 자'의 의미로, 시간과 공간을 초월해서 우주만물을 창조하신 조물주이심을 나타낸다.

창조주 하나님은 만물의 근원이시며, 만복의 근원이 되신다. 모든 것이 하나님에게서 시작되고 끝이 난다. 성경 〈시편〉에서는 "주께서 내가 앉고 일어섬을 아시고, 멀리서도 나의 생각을 밝히 아시오며, 나의 모든 길과 내가 눕는 것을 살펴보셨으므로 나의 모든 행위를 익히 아시오니, 여호와여, 내 혀의 말을 알지 못하시는 것이 하나도 없으시니이다."(시 139:2~4)라고 했다. 이는 하나님이 **무소부지(無所不知)**하심과, **전지전능(全知全能)**하심을 말해 준다.

천지창조의 이야기는 〈창세기〉 1장에 기록되어 있다. 하나님이 우주를 창조하실 때, "지구는 땅이 혼돈하고 공허하며 흑암이 깊음 위에 있었고, 다만 하나님의 영(靈)이 수면 위에 운행하시었다."(장 1:2)라고 기록되어 있다. 천지창조에서 '창조하시니라'의 히브리어는 〈바라〉인데, 이 말은 '아무것도 없다'는 뜻으로, 무(無)의 상태에서 유(有)의 상태로 만들어내셨음을 뜻한다. 하나님께서는 6일 동안에 천지를 창조하시었는데,

이 6일이라는 시간은 오늘날의 하루인 24 시간의 개념이 아니라 한정 지을 수 없는 오랜 시간으로 생각된다.

〈창세기〉 1장 1절은 하나님께서 다른 어떤 도움도 받지 않으시고 천지를 창조하셨다고 되어 있다. 창조의 대 역사의 시작은 '태초'인데, '태초'란 영원한 지점으로부터의 태초가 아니라, 천지창조를 시작한 처음의 시간을 말하는 것으로 생각된다.

또 하나님은 '말씀'으로 천지를 창조하시었는데(창세기 1장), 이 말씀은 그냥 단순한 음성이 아니라 '로고스(Logos)'였다. 이는 하나님의 생각과 기뻐하시는 뜻을 표현한 것이며, 그 자체는 그분의 신비한 능력을 나타낸다(시편 19편 3,4절). 이는 또 무엇보다도 창조주와 피조물을 근본적으로 가장 잘 구별해 주는 말이다. 하나님은 먼저 낮과 밤을 창조하시고, 빛을 낮이라 부르시고 어둠을 밤이라 부르셨다. 저녁이 되고 아침이 되니 이는 첫째 날이라고 하셨다(창세기 1장 5절). 이렇게 다섯째 날까지 모든 우주만물을 창조하시니, 지상의 모든 생물을 그 종류대로 내되, 가축과 기는 것과 땅의 짐승을 종류대로 내라 하시니 그대로 되었다(창 1:24). 여기서 "창조하시되 종류대로 창조하시었다"는 말은 어떤 종(種)이 다른 종으로 진화되지 않음을 말해준다. 다시 말해 같은 종(種) 안에서는 진화가 이루어지지만, 다른 종으로 바뀌어 진화하지는 않는다는 뜻이다. 예를 들어 원숭이가 진화되어 인간이 나오지는 않는다는 것이다.

하나님은 창조 6일째 되는 날, 우주만물을 다스릴 인간을 만들고 싶으셨다. 그것은 단순히 우주만물을 다스리는 인간이 아니라, 당신의 피조물을 통해 영광을 받으실 목적으로 **인간을 창조하셨다**(롬 11:36 ; 계 4:11).

"무릇 내 이름으로 일컫는 자, 곧 내가 내 영광을 위하여 창조한 자를 오게 하라. 그들을 내가 지었고 만들었느니라."(사 43:7)고 했다.

〈창세기〉 2장은 인간의 창조 과정과, 인간은 누구인가와, 어디로부터 왔는가를 알게 하는 대목이다. 하나님은 당신의 **'형상'을 따라 흙으로 사람을 만들어 생기(生氣)를 불어넣어 생령(生靈)이 되게 하시었다.** 여기에서 '생령'이란 살아있는 영으로 하등동물과는 달리, 인간은 하나님으로부터 직접 인격을 부여받은 만물의 영장임을 나타낸다. 또한 이 형상의 부여는 다른 동물과는 달리, 인간은 인격적 · 도덕적 · 이성적 존귀한 존재로 만들어졌으며, 다른 한편으로 인간만이 하나님과 교제할 수 있도록 창조하셨음을 의미한다. 실제로 하나님은 인간에게 "바다의 고기와 공중의 새와 땅에 움직이는 모든 생물을 다스리라."(창 1:28)라고 하셨다.

한편 인간이 하나님에 의해 **흙으로 만들어진 피조물**이라는 것은, 곧 인간은 '흙'과 같은 보잘것없는 존재라는 것을 말해 준다. 다만 인간이 이 세상의 모든 피조물보다 우월한 것은 서로 다른 세 개의 요소 곧 육(肉)과 영(靈)과 혼(魂)으로 되어 있기 때문이라고 말한다.

'혼'은 인간 속에 있는 동물적 생활원리로 보고, 생리적이고 감정적인 면으로 사용되었고, 감정을 가지, 본능적이며, 개인의 생각이나 개인 특성을 대표한다. 이와는 달리 **'영'**은 이성적 도덕적 생활원리로 혼보다는 고등한 의미로 사용되었다(롬 8:16). 따라서 모든 사람에게 영이 있으나 그 차원은 사람마다 다르다. 또 **육체**(肉體)는 물질적이며 흙을 빚어 만드셨으므로, 죽어 다시 흙으로 돌아간다. 그것은 완전히 부패해서 새롭게 될 수 없으며 죽을 때 근절된다.

인간의 창조는 먼저 남자를 만들고 **'아담'**이라 이름을 지었다. '아담'의 어원도 '흙'의 뜻인 히브리어 '아다마'에서 나왔다. 이 아담이 최초의 인간이다. 그 후 하나님께서는 외로운 아담을 위해 여자를 만드실 계획을 세우시고, 아담을 잠들게 한 후, 그의 갈빗대를 취해 여자를 만들어 **'하와'**라 이름을 붙이셨다. '하와'는 '생명' 또는 '생명의 근원'의 뜻이다. 여자는 히브리말로 '이샤(ishshah)'인데 남자를 뜻하는 '이쉬(ish)'에서 나온 말로, 여자가 남자로부터 유래되었음을 말해 준다. 그러나 이는 남녀의 우열의 차이를 말한 것이 아니라, 인격에 있어서는 동등하나 자연의 질서에 있어서는 남자가 여자의 머리 됨을 알고 순종의 법을 배우도록 하기 위한 것이었다. 하나님께서는 여자도 남자처럼 흙으로 지을 수도 있었지만, 신체의 일부를 취하신 것은 아담의 배필로서 한 몸을 이루며 살게 하기 위해서였다. 또한 남자에게 여자의 소중함을 알게 하기 위함이었다. 그래서 아담은 자기 뼈로 만들어진 여자를 보고, "이는 뼈 중의 뼈요 살 중의 살"이라고 말을 한다(창 2:23). 바로 이 두 사람이 기독교에서 말하는 인류의 조상이 된 것이다. 이것은 기독교에서 말하는 인간은 저절로 생겨난 것이 아니라 **하나님이 만드신 피조물**임을 말하고 있는 것이다.

2. 죽을 수밖에 없는 인간

성경은 인간이 창조주의 피조물이라는 것과 함께, 또한 **죽을 수밖에**

없는 존재임을 말하고 있다. 인생길에 있어서 사람에게 누구나 피할 수 없는 것이 하나 있는데 그것은 바로 죽음이다. 진시황도 죽기 싫어 선남선녀를 시켜 불로초를 구해 오도록 했지만 결국 죽고 말았다. 석가도, 소크라테스도, 공자도, 한때 세상을 풍미하던 나폴레옹도, 알렉산더 대왕도 모두 죽고 말았다. **죽음 앞에서는 꼼짝 못 하는 것이 인간이다.** 인간은 죽음에서 벗어나려고 몸부림치지만 죽음은 여전히 인간들의 뒷덜미를 잡고 있다. 아무리 죽음에서 빠져나오려고 발버둥쳐 보지만 죽음이 먼저 알고 달려온다.

그런데 왜 인간이 죽어야만 할까? 어떤 학자는 인간은 죽은 세포는 떨어져 나가고 새로운 세포가 계속 생겨나는데 왜 인간이 죽어야 하는지 모르겠다고 말한다.

성경은 〈창세기〉 3장에서 인간이 왜 죽을 수밖에 없었는가를 설명하고 있는데, 그것은 **인간의 죄(罪)** 때문이라고 말한다. 하나님은 아담과 하와에게 복을 주시며, "생육하고 번성하여 땅에 충만하라. 땅을 정복하라. 바다의 물고기와 하늘의 새와 땅에 움직이는 모든 생물을 다스리라."(창 1:28)라고 하시었다. 그리고 에덴동산에서 행복하게 살게 하시었다. 에덴동산은 페르시아의 말로 '낙원(pardise)'이라고 부른다. 에덴동산은 하나님의 동산으로 하나님이 인간과의 교제를 위해 특별히 만들어 놓은 곳이다. 이 에덴동산이 어디에 있었는지는 정확히 알 수는 없지만, 지금의 이라크인 유프라테스강과 티그리스강 어디쯤이 아닌가 생각한다.

인간의 죽음은 최초의 인간인 아담으로부터 비롯되었다. 성경은 하나님의 인간 창조에 이어, 인간의 타락과 예수 그리스도의 구원에 대하여 설명하고 있다. 하나님께서는 에덴동산에 생명나무와 선악(善惡)을 알게 하는 나무를 두시고 말씀하시기를, "동산 각종 나무의 열매는 네가 다 먹어도 괜찮으나 선악을 알게 하는 나무의 열매만은 먹지 말라." 하시며, 먹는 날에는 죽으리라고 하셨다(창 2:15~17). 일종의 '시험 나무(probation tree)'였다. 그런데 이 피조물인 인간은 창조주 하나님의 명령을 따르지 않고 거슬러 따먹고 만다. 피조물인 인간이 창조주의 명령을 거스리는 큰 죄를 지은 것이다. 이것을 **인간의 타락**이라고 한다.

기독교에서는 인간의 타락은 **사탄(마귀)**으로부터 비롯되었다고 말한다. 곧 사탄이 하나님께서 한 나무의 열매를 따먹지 못하도록 한 사실을 들어, 하나님의 선하심을 의심하도록 하와를 유혹하는 데서부터 시작한다(창 3:1~5). 여기에 대하여 성경은 "여호와 하나님이 지으신 들짐승 중에 뱀이 가장 간교하더라."라고 했다.(창 3:1)

뱀은 저주받기 전에는 아름다운 동물이었을 것이라고 생각된다. 사탄(마귀)은 이 뱀을 인간을 유혹하는 도구로 사용하였거나, 아니면 뱀의 모양을 취하고 있었는지도 모른다. 뱀은 제일 먼저 여자인 하와에게 다가왔는데, 아마도 여자가 남자보다 유혹하기에 더 쉬운 대상으로 여겼던 것 같다. 뱀이 여자에게 다가와 "물어 말하기를, 하나님이 참으로 너희더러 동산 모든 나무의 실과를 먹지 말라 하시더냐?" "여자가 뱀에게 말하되, 동산 나무의 실과를 우리가 먹을 수 있으나 동산 중앙에 있는 나무의 실과는 하나님의 말씀에 너희는 먹지도 말고 만지지도 말라. 너희가 죽을까 하노라 하셨느니라."(창 3:1~3)라고 했다. 이에 뱀이 여자에게 말하기를, "너희가 결코 죽지 아니하리라. 너희가 그것을 먹는 날에는 너희 눈이 밝아 하나님과 같이 되어 선악을 알 줄을 하나님이 아심이니라."(창 3:4-5)라고 말했다. 사탄은 하와에게 먹어도 벌을 받지 않을 뿐 아니라, 인간이 '하나님과 같이 된다'는 엄청난 거짓말로 유혹을 한 것이다.

피조물인 하와는 어떠한 유혹도 거절하고 창조주 하나님의 말씀을 따랐어야만 했다. 그러나 **하와는 자기가 하나님의 피조물임을 잊고 사탄의 유혹에 넘어가고 말았다.** 하와가 그 나무를 본즉, 먹음직도 하고 보암직도 하고, 지혜롭게 할 만큼 탐스럽기도 하여, 그 실과를 따먹고 자기와 함께한 남편인 아담에게도 주어 먹게 했다.(창 3:6)

나중에 이 사실을 아신 하나님께서, "왜 먹지 말라 명한 그 나무 열매를 네가 먹었느냐?"라고 물으신다. 이때 하와는 뱀이 나를 꾀므로 먹었다고 그 책임을 전가했다. 그리고 아담도 하나님이 주셔서 나와 함께 있게 하신 여자인 하와가 그 나무의 열매를 내게 주므로 내가 먹었다고 변명을 했다(창 3:8~13). 하와는 사탄에게 속임을 당했으며, 아담은 알고도 먹었다. 〈디모데전서〉에는 "아담이 속은 것이 아니고 여자가 속아 죄에 빠졌음이라."라고 말한(딤전 2:14). 이를 보건대, 하와는 하나님을 불신했으며, 하나님보다 사탄의 말을 더 믿었고, 하나님보다 자신의 생각을 앞세워 선악과를 먹은 것을 미리 정당화했음을 볼 수 있다.

이 사건은 무서운 결과를 초래하여 결국은 **죄**가 온 인류에게와 온 세상에까지 들어오게 된 원인이 된다(롬 5:12). 곧 하나님의 명령을 어기어 죄를 짓게 된 것이다.

그런데, 어떤 사람들은 말한다. 사랑의 하나님, 전능하신 하나님이시라면서 왜 선악과를 만들어 놓고 따먹도록 그냥 두시었는가에 대하여 의문을 제기한다. 이는 인간을 괴롭게 하시려는 데에 그 목적이 있는 것이 아니라, 인간으로 하여금 절제와 도덕적 본성을 발휘하여 하나님에 대한 감사의 생활과, 하나님의 권위를 인정하는 올바른 삶의 태도를 가르쳐 하나님 말씀에 순종하라는 명령의 준엄함을 알게 하려는 것이었다.

또 하나는 이 선악과의 사건은 **창조주 하나님과 피조물인 인간과의 구별됨을 의미하며, 인간의 자유가 제한됨을 의미한다.** 그리고 아담이 도덕적인 선과 악을 알 수 있도록 하기 위해 이 나무에 의해 하나님의 뜻이 명확하고 실제적으로 계시하여 보여주고 있음을 의미한다. 궁극적으로 인간에게는 하나님의 명령에 대한 순종의 여부를 가리는 시험이었다고 볼 수 있다. 이는 명령이 아니라 지키면 보상이 따르고 어기면 벌칙이 따르는 일종의 행위 계약이었다. 지킬 때는 하나님께서 우리에게 영생을 주시고 모든 것을 보살펴 주신다는 생명의 약속이었던 것이다. 따라서 이 나무는 그 시험을 통과함으로써 얻게 되는 더 높고 변치 않는 영원한 생명과 연관되었다. 아담과 하와는 이를 따먹을 수도 있고 안 따먹을 수도 있는데, 이는 자유의지(自由意志)에 의해 선택될 수 있었다. 물론 하나님은 따먹지 못하도록 하실 수도 있으나, 하나님이 원하시는 것은 스스로의 순종이지 못 먹게 했다고 해서 순종이 되는 것은 아니었다.

아담과 하와의 불순종은 엄청나게 무서운 결과를 가져왔다. 인간의 타락은 인간에게만 국한된 형벌을 가져오지 않고, 피조세계 전체에 영향을 미치는 결과를 가져오게 했다(창 3:17). 본래 피조세계는 인간을 위해 창조되었는데, 인간의 타락은 피조물에게까지 미치게 된 것이다. 로마서 8장 22절에서는 "피조물이 다 이제까지 함께 탄식하며 함께 고통을 겪고 있는 것을 우리가 아느니라."라고 말하고 있다.

하나님은 뱀과 사람에게 각각 형벌을 내리셨는데, 먼저 뱀에게는 배로 다니게 했다. 그리고 종신토록 흙을 먹게 했다(창 3:14). 사탄에 대해서는 악의 무리와 여자의 후손 간의 원수가 되게 했다. 하와와 아담에게도 벌을 내리시었는데, 여자인 하와에게는 "내가 너에게 임신하는 고통을 크게 더할 것이니, 너는 고통을 겪으며 자식을 낳을 것이다. 네가 남편을 지배하려고 해도 남편이 너를 다스릴 것이다."(창 3:16) 하시고, 남자인 아담에게는 "네가 네 아내의 말을 듣고 내가 네게 먹지 말라고 한 나무의 열매를 먹었으므로, 땅은 너로 말미암아 저주를 받고, 너는 네 평생에 수고하여야 그 소산을 먹으리라. 땅이 네게 가시덤불과 엉겅퀴를 낼 것이라. 네가 먹을 것은 밭의 채소인즉, 네가 흙으로 돌아갈 때까지 얼굴에 땀을 흘려야 먹을 것을 먹으리니, 네가 그것에서 취함을 입었음이라. 너는 **흙이니 흙으로 돌아갈 것이니라.**"라고 하시었다(창 3:17-19). 수고하지 않아도 에덴동산에서 영원히 편히 잘 살 수 있었는데도 이제는 수고하지 않으면 살 수가 없게 된 것이다.

3. 인간의 한계성

인간이 하나님의 피조물이요, 죽을 수밖에 없는 몸이 되었다는 것은 또한 **인간의 한계성**을 말해 준다. 이것은 참으로 안타까운 일이 아닐 수 없다. 아무리 좋은 보약을 먹고, 좋은 음식을 먹는다 해도 영원히 살지 못하는 것이 인생이다. 이처럼 인간은 전지(全知) 하지도 않고 전능(全能) 하지도 않다. 이것은 인간이 **유한함**을 말해준다. 이것을 하이데거는 "인간은 죽음에 이르는 존재"라고 말했다. 인간은 죽을 수밖에 없는 무능한 존재다. 생물학적 차원에서의 죽음은 결코 피할 수 없는 것이 된 것이다. "동산 각종 나무의 열매는 네가 다 먹어도 괜찮으나 선악을 알게 하는 나무의 열매만은 먹지 말라." 하시며, 먹는 날에는 죽는다고 하신 것은(창 2:15~17절) 하나님의 명령에 의해 **하나님과 피조물인 인간이 분명히 구별되면서 인간의 자유가 제한됨**을 보여주는 것이다. 이제 인간은 생명에 있어서는 마음대로 할 수 없는 처지가 된 것이다.

어떤 젊은 목사가 열심히 사역을 했다. 그 바람에 교회는 날로 부흥되었다. 성도가 2000여 명 되던 교회가 5000여 명으로 늘어났다. 성도들은 그를 다 좋아했으며, 목사 또한 교회를 위해 모든 것을 다 바쳤다. 그런데 그 목사가 암에 걸려 죽게 된 것이다. 온 교인이 밤을 새워가며 기도했음은 물론이다. 그러나 그 목사는 안타깝게도 끝내 세상을 뜨고 말았다. 많은 성도들이 허탈감에 빠졌다. 심지어 '왜 하나님은 그를 데려가셨는가' 하며 원망까지 하는 사람들도 있었다. 그러나 인간의 힘으로는 어쩔 수 없는 일이었다. 데려가시면 가야 하는 것이 인간이다. 이것은 무엇을 말해주는가? 인간은 마음대로 죽을 수도 없고 마음대로 살 수도 없는 비참할 정도로 **무기력한 존재**라는 것이다. 손끝 하나 제대로 쓰지 못하고 사랑하는 사람을 저 세상으로 떠나보내기도 한다. 어떤 사람은 돈이 남아돌아 물쓰듯하는 사람이 있는가 하면, 어떤 사람은 먹을 것이 없어 굶기를 밥 먹듯 하는 사람도 있다. 죽기를 고대하나 죽어지지도 않는다. 또 어떤 사람은 가족들이 사고로 다 죽고 자기 혼자 남아 있는 고독한 사람도 있다. 또 죽고 싶을 정도로 병으로 시달려도 어쩔 수 없이 견뎌야 하는 것이 우리의 인생이다. 치매로, 불치의 병으로, 얼마나 많은 사람들이 고생하다가 죽는가! 그런데도 인간의 힘은 한계가 있다. 우리는 그저 부모가 낳아 주시니까 이 세상에 나왔고, 어떻게 어떻게 세월의 물결에 휩쓸려 살아오다가 또 오라 하시니 가는 것이다.

무교에서는 저승사자를 등장시킨다. 죽을 때가 되면 망토 같은 검은 옷을 입은 저승사자 찾아와서 데리고 간다. 꼼짝없이 가야 한다. 간혹 유머러스하게 저승사자의 실수로 다시 돌려보내는 일은 있으니 오라고 하면 가야 하는 것이 인간인 것이다.

〈시편〉 90장 10절에는 “우리의 연수가 칠십이요 강건하면 팔십이라노, 그 연수의 자랑은 수고와 슬픔뿐이요, 빠르게 지나가니, 마치 날아가는 것 같습니다.”라고 말하고 있다.

피조물인 인간은 나 스스로 내 운명을 조절할 수 있는 일이 하나도 없다. 하나님은 인간에게 무한한 자유를 주셨지만, 인간이 하나님과 같이 되어 살아가는 것까지 허락하시지는 않으셨다. 의학이 고도로 발달하고 있다고 하지만 인간은 하나님이 될 수는 없는 것이다.

〈창세기〉 6장-8장에 노아의 홍수 이야기가 나온다. 노아 때 아담의 죄로 말미암아 죄가 온 세상에 퍼져 더 이상 볼 수 없게 되자, 하나님은 노아의 여덟 식구만 살리고 모두 홍수로 멸망시켰다.

〈창세기〉 11장에는 바벨탑 이야기가 나온다. 홍수 심판에서 구원받은 노아의 여덟 식구는 셈과 함과 야벳과 그 아내들이었다. 이 후손들은 그 수가 불어나 동방으로 옮겨가서 시날 평지에 거주하였다. 이때는 세상의 언어가 하나였다. 그들은 그곳에서 벽돌을 만들어 견고히 굽자 하고, 이에 벽돌로 돌을, 역청으로 진흙을 대신하고, 또 성읍과 대를 건설하여 그 탑 꼭대기를 하늘에 닿게 하여 자기네 이름을 내고 온 지면에 흩어짐을 면하고자 하는 불순한 의도가 있었다. 이때 하나님께서 이것을 보시고 여지없이 무너뜨리고 말았다. 이 사건은 창조주 앞에서 피조물인 인간은 **흙으로 지음 받은 무기력한 인간**일 뿐임을 보여준다.

칼빈은 전지전능하신 하나님께서는 모든 것을 다 아시고 다 하실 수 있기 때문에 한 인간이 구원받고 저주받는 것조차 다 아시고 계신다고 말했다. 심지어 태어날 때부터 구원받을 사람과 지옥에 갈 사람을 미리아시고 예정해 놓으셨다고 했다. 이는 결국 인간의 모든 운명이 하나님의 손안에서 이루어진다는 것이다. 인간의 힘으로 할 수 없는 불가항력적이라는 것이다. 이것이 기독교에서 말하는 소위 예정론이다. 그렇다고 해서 하나님께 불평을 할 수도 없는 것이다.

어떤 사람이 전도를 받고 교회에 나갔다. 처음에는 주일 성수만 하더니, 얼마 안 가서는 성경공부에도 참여하고, 십일조도 내고, 새벽기도회도 나가고, 교회 봉사도 열심히하기 시작했다. 모두들 신앙이 돈독해졌다고 좋아했다. 그러던 어느 날, 그의 아들이 교통사고로 죽고 말았다. 교회 식구들이 모두 가서 내 일처럼 도와주며 위로해 주었다. 그런데 문제는 그 후에 교회에 나오지 않는 것이다. 찾아가서 그 이유를 물었더니, 대답이 너무 어처구니가 없었다. '전지전능하시고 좋은 것을 주시는 사랑의 하나님이시라면서, 왜 아무 죄도 없는 우리 아이를 죽게 놔두셨느냐? 나는 그런 하나님은 믿을 수 없다. 이제 아이가 죽었으니 좋은 곳으로나 가게 절에 가서 빌겠다'는 것이었다. 참으로 안타까운 일이다. 왜 교회를 포기하고 절로 가려고 했을까? 그는 아직 하나님이 누구신지, 인간이 누구인지를 모르기 때문이다. 또 복을 빌러 교회를 갔다 왔다 했지, 기독교가 무엇인지 모르기 때문에 갑자기 환난을 당하니까 회의를 느끼고 기독교에서 떠나게 된 것이다.

하나님은 우리가 생각하는 좋은 것만 주시는 그렇게 가벼우신 분이 아니시다. 천지를 창조하신 조물주가 되시는 분이시다. 우리가 경외해야 할 분이시지 원망이나 들으실 분이 아니시다. 하나님 앞에 인간은 무기력한 죄인일 뿐이다. 〈로마서〉에 "혹 말하기를 하나님을 어찌하여 원망하느냐? 누가 그 뜻을 대적하느냐? 이 사람아, 네가 누구이기에 감히 하나님께 반문하느냐? 지음을 받은 물건이 지은 자에게 어찌 나를 이같이 만들었느냐고 말하겠느냐? 토기장이가 진흙 한 덩이로 하나는 귀히 쓸 그릇을, 하나는 천히 쓸 그릇을 만들 권한이 없겠느냐?"(롬 9:19-21)라고 말했다. 그릇 만드는 토기장은 자기 마음대로 그릇을 만들고 깨부술 수도 있는 것이다. 마찬가지로 창조주인 하나님 앞에서의 인간은 피조물로서 무기력한 모습을 보일 수밖에 없는 것이다.

4. 무상(無常)한 인생

70-80 된 노인들에게서 자주 듣는 말이 있다. '세월이 참 빠르다'라는 것이다. '세월이 유수(流水)'라는 말이 있듯이 참으로 빠른 것이 세월이다. 엊그제 학창시절이 어느새 중년이 되고 또다시 늙어 노인이 되는 것이다. 엊그제는 젊은 청춘이었는데, 어느새 머리에는 살구꽃이 피고, 다리에 힘이 없어지고, 생각은 둔해지고, 세상을 떠날 날이 얼마 남지 않게 되니 세월의 빠름과 무상함을 느끼는 것은 당연한 것이다. 또 살다보면 뜻하지 않게 사랑하는 사람을 잃기도 하고, 부모에 앞서 젊은 자식이 먼저 가기도 한다. 이것이 인생이다. 그래서 '인생은 뜬 구름처럼 헛되고 허무하다'고 하는 것이다. 성경은 "내일 일은 너희가 알지 못하는도다. 너희 생명이 무엇이뇨? 너희는 **잠깐 보이다가 없어지는 안개니라.**"(약 4:14)라고 말한다. 우리의 인생은 쉬 지나가는 하루와도 같다. 어린 시절은 아침과도 같고, 젊은 시절은 낮과도 같으며, 늙은 시절은 저녁과도 같이 빨리 지나가는 것이 우리의 인생이다. 비록 백 년의 인생이라 하더라도 영원에 비하면 순간 찰라에 불과한 것이다.

인생의 무상(無常)함은 기독교만이 아니라 불교에서도 말하고 있다. 인간은 언젠가는 죽는데, 그 죽음은 삼세 윤회(三世輪回)로 지은 업보에 따라 여러 가지 형상으로 돌고 돈다고 보았다. 불교에서는 이와 같이 변화되는 우주 만물의 실체를 '무상(無常)'이라는 말로 표현하는데, **인생무상(人生無常)**이 여기에서 나왔다.

이 **'무상'**의 원리는 바로 변화를 근본으로 하고 있다. 무상이란 '항상 정지된 상태는 없다'는 의미이다. 항상 변한다는 뜻이다. 삼라만상은 하나의 상태에서 다른 상태로 옮겨갈 때 변화가 일어난다. 이는 생물이건 무생물이건 모든 것은 활동하고 있다고 보고 있는 것이다. 돌이나 흙도 정지된 듯 보이지만 실은 활동하고 있다는 것이다. 죽음도 마찬가지로 끝난 것이 아니라 다른 상태로 이동하는 활동인 것이다. 그대로 있는 것은 하나도 없다. 불교의 근본 교설 중의 하나인 삼법인(三法印)은 바로 우주 만물은 변하지 않는 것이 없어 영원하지 못하다는 제행무상(諸行無常)과, 우주만물이 영원하지 못하므로 나(自我)라는 존재도 영원하지 못하고 실재도 아니라는 제법무아(諸法無我), 그리고 인간의 세계를 하나의 괴로움으로 보는 일체개고(一切皆苦)를 말한다. 결국 불교에서도 업에 따라 이 세상에 왔다가 다시 저 세상으로 간다는 것이다. 내 뜻대로 할 수 없는 무상한 존재가 인생임을 말하고 있다.

5. 허무한 인생

또 많은 사람들은 **인생의 허무함**을 말한다. 인간이 순식간에 70-80 나이를 먹고 보면 아무것도 한 것이 없다. 눈 깜짝할 동안에 어느덧 세월이 흘러버리는 것이다.

좋은 세월은 하나도 없고 고생한 기억만 떠오른다. 〈시편〉에서는 "나의 때가 얼마나 짧은지 기억하소서. 주께서 모든 사람을 어찌 그리 허무하게 창조하셨는지요?"(시 89:47). 또 〈베드로전서〉 1장 24~25절에 "그러므로 모든 육체는 풀과 같고 그 모든 영광이 풀의 꽃과 같으니 풀은 마르고 꽃은 떨어지되 오직 주의 말씀은 세세토록 있도다."라고 하였다. 세상의 모든 것은 지나간다. 청춘의 아름다움도 때가 되면 들꽃처럼 시들고 만다. 권력도, 명예도, 돈도, 건강도 흐르는 세월 앞에서는 모두 허무할 뿐이다. 성경은 여기저기에서 인생의 허무함을 말하고 있다.

- 돌이켜 유익하게도 못하며 구원하지도 못하는 **헛된 것**을 좇지 말라. 그들은 헛되니라.(삼상 12:21)
- 여호와께서는 사람의 생각이 **허무함**을 아시느니라.(시 94:11)
- 여호와께서 집을 세우지 아니하시면 세우는 자의 수고가 **헛되며** 여호와께서 성을 지키지 아니하시면 파숫꾼의 경성함이 **허사로다.**(시 127:1)
- 네가 어찌 **허무한** 것에 주목하겠느냐? 정녕 재물은 날개를 내어 하늘에 나는 독수리처럼 날아가리라.(잠 23:5)

마르쿠스 아우렐리우스는 그의 책 〈명상록〉에서 인생은 무대에서 잠시 나타났다가 퇴장하는 배우에 비유했다. 무대 위에 있는 배우처럼 감독이 각본에 쓰여있는 대로 내려가라고 하면 무대에서 내려가야 하는 것이 인생이다. 화무십일홍(花無十日紅)이란 말도 있다. 아무리 아름다운 꽃도 열흘 못 간다는 말이다. 절세가인(絶世佳人)일지라도 그 아름다움은 한순간이며, 영웅호걸도 한 때일 뿐이다. 인생의 영광은 떨어지는 꽃과 같아, 지나고 나면 허무만 남을 뿐이다.

당(唐)나라 때 이공좌(李公佐)가 저술한 〈남가기(南柯記)〉에는 다음과 같은 이야기가 있다. 순우분(淳于棼)이 꿈을 꾸는데, 괴안국(槐安國)으로 들어가 그 나라 공주에게 장가를 들고 남가 태수(南柯太守)가 되어 부귀영화를 누린다. 후에 군사를 이끌고 전쟁에 나갔다가 패하고, 공주도 세상을 떠난다. 게다가 국왕의 시기와 의심을 받아 축출된다. 이에 이르러 꿈을 깨고 보니, 꿈속에서의 대괴안국(大槐安國)은 뜰 앞 홰나무 아래에 있는 개미굴이고, 남가군(南柯郡)이란 홰나무 남쪽 가지 아래에 있는 다른 작은 개미굴이라는 사실을 알게 된다. 여기에서 **'남가일몽(南柯一夢)'**이란 말이 생겨났는데, 이는 인생을 **한바탕 헛된 꿈** 또는 헛된 즐거움에 비유하는 말로 쓰이고 있다.

이 세상 일이 헛됨을 가장 잘 보여주는 글은 아마 〈전도서〉가 아닌가 한다. 〈전도서〉는 이스라엘에서 제일 영화롭게 산 솔로몬 왕이 쓴 글이라고 한다. 〈전도서〉는 솔로몬이 인생의 목적과 의미와 만족을 끊임없이 추구하여 얻은 결과를 기록한 것이다. 그는 이 책에서 이 세상 것들은 모두 **"헛되고 헛되다"**(전 1:2)라고 말한다. 즉 죄로 말미암아 비롯된 인간의 삶은 결국은 '헛되다'는 말로 강조하여 표현하고 있다. 모든 것의 결과가 헛될 뿐 아니라, 이론적으로 모든 것은 그 자체가 헛된 것이라는 의미이다. 즉 솔로몬은 허무가 마치 이 세상 만물의 속성 중 하나인 것처럼 여기고 본문을 기록한 듯 보인다. 그것들은 '헛될' 뿐 아니라, **"헛되고 헛되다"**라고 '헛됨'을 37회나 사용하여 인생에 이해할 수 없는 많은 것들이 있음을 말하고 있다.

솔로몬은 이스라엘 왕으로서 세상을 소유하되, 어느 누구보다도 많은 것을 소유한 사람이었다. 그런데도 그가 이 세상의 모든 것은 다 '헛되고' '허무하다'고 한 것은 이 세상 것들로는 육체적으로나 정신적으로 인간을 행복하게 해주기에는 부족하다고 느낀 것이다. 그래서 이 세상에서 할 일이란 수고뿐이라고 말한다. 여기서 '수고'란 염려와 고생을 의미한다. 수고는 사람들을 지치게 만든다. 비록 인간이 수고를 통하여 먹고 마시는 '이익'을 얻는다 하더라도 본문에서 솔로몬은 그것이 진정한 행복이 아니라고 말한다. 요컨대 이 세상의 부와 쾌락은 설사 우리가 그것들을 매우 많이 가지고 있다 손 치더라도 우리를 행복하게 해주기에는 충분치 못한 것이다. 재물이 늘면 그 재물에 대한 염려도 늘게 마련이며, 여러 가지 걱정이 늘어나면 그 걱정으로 인해 재물을 소모하게 되어 아무리 사소한 걱정이라 하더라도 재물에서 얻을 수 있는 모든 위로를 송두리째 앗아간다는 것이다.

솔로몬은 〈전도서〉 2장에서 다음과 같이 말을 한다.

“나는 내 마음에 이르기를 자, 내가 시험 삼아 너를 즐겁게 하리니 너는 낙을 누리라 하였으나 보라. 이것도 헛되도다. 내가 웃음에 관하여 말하여 이르기를 그것은 미친 것이라 하였고, 희락에 대하여 이르기를 이것이 무슨 소용이 있는가 하였노라. 내가 내 마음으로 깊이 생각하기를 내가 어떻게 하여야 내 마음을 지혜로 다스리면서 술로 내 육신을 즐겁게 할까? 또 내가 어떻게 하여야 천하의 인생들이 그들의 인생을 살아가는 동안 어떤 것이 선한 일인지를 알아볼 때까지 내 어리석음을 꼭 붙잡아 둘까 하여 나의 사업을 크게 하였노라. 내가 나를 위하여 집들을 짓고, 포도원을 일구며, 여러 동산과 과원을 만들고, 그 가운데에 각종 과목을 심었으며, 나를 위하여 수목을 기르는 삼림에 물을 주기 위하여 못들을 팠으며, 남녀 노비들을 사기도 하였고, 나를 위하여 집에서 종들을 낳기도 하였으며, 나보다 먼저 예루살렘에 있던 모든 자들보다도 내가 소와 양떼의 소유를 더 많이 가졌으며, 은금과 왕들이 소유한 보배와 여러 지방의 보배를 나를 위하여 쌓고, 또 노래하는 남녀들과 인생들이 기뻐하는 처첩들을 많이 두었노라. 내가 이같이 창성하여 나보다 먼서 예루살렘에 있던 모든 자들보다 더 창성하니 내 지혜도 내게 여전하도다. 무엇이든지 내 마음이 즐거워하는 것을 내가 막지 아니하였으니 이는 나의 모든 수고를 내 마음이 기뻐하였음이라. 이것이 나의 모든 수고로 말미암아 얻은 몫이로다.

그 후에 내가 생각해 본즉, 내 손으로 한 모든 일과 내가 수고한 모든 것이 헛되어 바람을 잡는 것이며, 해 아래에서 무익한 것이로다. 내가 돌이켜 지혜와 다 망령됨과 어리석음을 보았나니, 왕 뒤에 오는 자는 무슨 일을 행할까 이미 행한 지 오래 전의 일일 뿐이리라. 내가 보니 지혜가 우매보다 뛰어남이 빛이 어둠보다 뛰어남 같도다. 지혜자는 그의 눈이 그의 머릿속에 있고, 우매자는 어둠 속에 다니지만 그들 모두가 당하는 일이 모두 같다는 것을 나도 깨달아 알았도다. 내가 내 마음속으로 이르기를 우매자가 당한 것을 나도 당하리니 내게 지혜가 있었다 한들 내게 무슨 유익이 있으리오 하였다. 이에 내가 내 마음속으로 이르기를 이것도 헛되도다 하였다. 지혜자도 우매자와 함께 영원하도록 기억함을 얻지 못하니 후일에는 모두 다 잊어버린 지 오랠 것임이라. 오호라. 지혜자의 죽음이 우매자의 죽음과 일반이로다. 이러므로 내가 사는 것을 미워하였나니, 이는 해 아래에서 하는 일이 내게 괴로움이요, 모두 다 헛되어 바람을 잡으려는 것이기 때문이다. 내가 해 아래에서 내가 한 모든 수고를 미워하였나니 이는 내 뒤를 이을 이에게 남겨주게 됨이라. 그 사람이 지혜자 일지, 우매자일지 누가 알랴마는 내가 해 아래에서 내 지혜를 다하여 수고한 모든 결과를 그가 다 관리하리니 이것도 헛되도다. 이러므로 내가 해 아래에서 한 모든 수고에 대하여 내가 내 마음에 실망하였도다. 어떤 사람은 그 지혜와 지식과 재주를 다하여 수고하였어도 그가 얻은 것을 수고하지 아니한 자에게 그의 몫으로 넘겨주리니 이것도 헛된 것이며 큰 악이로다. 사람이 해 아래에서 행하는 모든 수고와 마음에 애쓰는 것이 무슨 소득이 있으랴! 일평생에 근심하며 수고하는 것이 슬픔뿐이라. 그의 마음이 밤에도 쉬지 못하나니 이것도 헛되도다. 사람이 먹고 마시며 수고하는 것보다 그의 마음을 더 기쁘게 하는 것은 없나니 내가 이것도 본즉 하나님의 손에서 나오는 것이로다. 아, 먹고 즐기는 일을 누가 나보다 더 해 보았으랴! 하나님은 그가 기뻐하시는 자에게는 지혜와 지식과 희락을 주시나 죄인에게는 노고를 주시고, 그가 모아 쌓게 하시어 하나님을 기뻐하는 자에게 그가 주게 하시지만 이것도 헛되어 바람을 잡는 것이로다."

솔로몬은 이렇게 이 세상의 모든 것은 **'헛되다'**라고 기록하고 있다. 솔로몬의 말이 아닐지라도 대부분의 사람들은 인생은 모두 헛된 것뿐이라고 말한다.

빌 휴즈라는 사람의 이야기이다. 그는 30년 동안 조선창에서 직공으로 일했다. 그러면서 엄청난 돈을 저축했다고 한다. 그런데도 그는 저축을 하기 위하여 그가 살아 온 길을 보면, 과자를 사본 일도 없고, 담배나 술도 안 했으며, 여자를 데리고 데이트도 안 했고, 면도는 형의 면도기를 사용하고, 친할머니에게 돈을 꾸어주고 이자를 요구했으며, 밤일을 나갈 때에는 아버지의 구두를 신고 갔고, 꽃은 평생에 사본 일이 없으며, 간식도 안 하고 영화 구경은 평생에 꼭 한번 갔었다고 한다. 정말 한심한 사람이었다. 생명을 받은 목적이 어디에 있는지를 전혀 생각하지 않고, 은행의 저금통장 한 개만 갖고 있다가 죽고 말았다. 바보같은 인생이라고 말하지 않을 수 없다. 무엇 때문에 살았는지 알 수가 없다. 인생의 허무함을 모르고 산 것이다.

그런가 하면 마릴린 몬로는 이런 이야기를 했다고 한다. “나는 한 여성이 지닐 수 있는 모든 것을 가졌습니다. 나는 젊습니다. 나는 아름답습니다. 나는 돈이 많습니다. 나는 사랑에 굶주리지 않습니다. 하루에도 수백 통의 펜 레터를 받고 있습니다. 나는 건강하고 부족한 것 아무것도 없습니다. 미래에도 이렇게 살 수 있습니다. 그런데 웬일일까요? 나는 그저 공허하고 그저 불행하게 느껴집니다. 이유 없는 반항이라는 말도 있지만, 나는 이유 없이 불행합니다.” 그녀는 결국 자살하고 말았다. 인생이 허무함을 느끼고 삶을 포기한 것이다.

정말 **헛되고 무상한 것이 인생이다.** 명예도, 권력도, 부(富)도 지나고 나면 모두 헛된 것임을 느끼게 된다. 게다가 엊그제까지 멀쩡했던 사람이 오늘 아침에 죽었다는 연락이 온다. 얼마나 허무한 일인가! 아무리 잘 살고 건강한 사람도 하나님께서 부르시면 꼼짝없이 가야 하는 것이 인생이다. **인생은 한낱 헛된 꿈**에 지나지 않는 것이다.

> “낙양성 십리 허에 높고 낮은 저 무덤은
> 영웅호걸이 몇몇이며, 절세가인이 그 누구냐
> 우리네 인생도 한 번 가면 저기 저 모양이 될 터이니
> 에라 만수, 에라 만수 대신이야”
>
> -성주풀이-

영웅호걸도 절세가인도 죽고 나면 그만이라는 것이다. 남는 것은 높고 낮은 무덤뿐이다. 영웅호걸이 무슨 소용이 있고, 절세가인이 무슨 소용이 있겠나! 다음은 어느 시인의 '인생'이란 노래 가사이다.

인생은 바람과 같은 것, 스쳤다 가버리는 그림자
사랑도 미움도 원망도, 지나면 모든 것이 사라져

너와 나 맺어진 인연도, 허공에 흐르는 뜬구름
산 넘고 물 건너 가버린, 다시는 못 오는 인생아

어차피 헤어져 살아갈, 우리의 인생이 아니냐
이별을 서러워 말아라, 때로는 생각이 나겠지

인생은 바람과 같다고 했다. 슬쩍 스치고 지나가는 것, 이것이 인생이다. 그런데도 인간은 더 살려고, 더 잘 살아보려고 아귀다툼을 하고, 불의를 일삼고, 살인하고 사기치고, 다투며 살고 있는 것이 인생이다. 얼마나 어리석은 일인가!

6. 나그네 인생

그런가 하면 사람들은 **인생을 나그네**로 비유한다. 이 말은 어디로부터인가 와서 잠시 머물렀다가 다시 그곳으로 간다는 의미가 들어 있다. 왜 이런 말을 할까? 기껏 많이 살아봤자 80-90 세 정도 살다가 다시 어디론가 떠나가야 하는 것이 인생이기 때문이다. 나그네가 누구인가? 고향에서 나와 떠돌다가 다시 고향으로 돌아가는 사람이다. 마찬가지로 잠시 이 세상에 왔다가 다시 돌아온 곳으로 가야 하는 것이 인생이라는 것이다. "인생은 나그네 길 어디서 왔다가 어디로 가느냐?"라는 노래는 "인생은 벌거숭이 빈손으로 왔다가 빈손으로 가느냐?"로 이어진다. 그렇다. 인생은 이 노래처럼 빈손으로 이 세상에 왔다가 빈손으로 저 세상으로 다시 가는 **나그네**에 불과하다.

성경에는 여기 저기에 인생을 '나그네'라고 표현한 곳이 많이 있다. 〈창세기〉 47장 9절에 "야곱이 바로에게 아뢰되, 내 나그네 길의 세월이 백삼십 년입니다. 내 나이가 얼마 못 되니 우리 조상의 나그네 길의 연조에 미치지 못하나 험악한 세월을 보내었나이다." 또 〈역대상〉 29장 15절을 보면 다윗왕이 하나님을 향하여 말하는 중에 "주 앞에서 우리가 우리 열조와 다름없이 나그네와 우거한 자라. 세상에 있는 날이 그림자 같아서 머무를 날이 없나이다."라고 말하고 있다. 〈레위기〉 25장 23절에도 "너희는 나그네요, 우거하는 자로서 나와 함께 있느니라." 했다.

우리말에도 사람이 죽으면 '갔어', '가셨어', '돌아가셨어'라는 말을 쓴다. '서거(逝去)'의 '거'도 '갈 거' 자이다. 이 말은 인간은 원래 온 곳이 있는데, 그곳으로 다시 돌아간다는 말이다. 무교(巫教)에서는 사람이 죽으면 그것으로 끝나지 아니하고 영혼은 저승으로 간다고 보았다.

성경도 사람은 죽으면 그것으로 끝나는 것이 아니라 어디론가 간다고 말한다. 인생은 하나님의 나라를 떠나서 왔다가 본향인 하나님 나라로 돌아가는 것이라 고 했다. 그러니까 인생에 있어서 이 세상은 영원한 정처가 아니라 잠시 머물렀다 가는 곳이라는 뜻이다. **인생은 얼마 동안 살다가 떠나가는 나그네**에 불과한 것이다.

이백(李白)의 시 가운데 "夫天地者는 萬物之逆旅요 光陰者는 百代之過客이라 浮生 若夢"이라는 구절이 있다. 이는 이 세상은 만물의 여관이요 세월은 백대의 나그네라. 곧 인생은 나그네요, 이 세상은 나그네가 잠시 머물렀다가 가는 여관과 같으니 인생은 꿈처럼 헛되고 허무하다는 뜻이다. 많이 살아봤자 인생 80, 90년 그 짧은 세월을 아귀다툼을 하다가 돌아가는 것이 인생이라 생각하면 정말 이백의 시가 이해가 간다.

나그네가 잠시 머물렀다가 가는 여관과 같은 세상, 여관에는 전화기도 있고, TV도 있고, 냉장고도 있고, 여러 가지 편리한 물건들이 많이 있다. 그리고 이런 것들은 나그네 마음대로 다 사용할 수가 있다. 그러나 나그네는 일단 여관을 떠나는 날에는 모든 것을 다 놓고 떠나야 한다. 왜냐하면 그것은 여관집의 소유물이지 자기 것이 아니기 때문이다. 이처럼 빈손으로 떠나는 것이 인생이다. 인간은 잠시 이 세상에 머물러 살아가는 동안에는 마치 여관 손님과 같이 여관의 모든 시설을 자유로이 쓰면서 살아간다. 그러다가 이 세상에서 나그네 생활을 마치고 하늘나라로 떠날 때에는 아무것도 가지고 가지 못하고 빈손으로 가게 된다. 〈디모데 전서〉 6장 7절에 "우리가 세상에 아무것도 가지고 온 것이 없으니 아무것도 가지지 못하거니와"라는 성경 말씀처럼 빈손으로 돌아가는 것이 우리의 인생이다. 태어날 때는 이 세상에서 한몫 보자고 빈주먹을 불끈 쥐고 태어나지만, 죽을 때에는 주먹을 다 펴고 힘없이 가는 것이다.

그런데 우리는 죽는 순간까지 돈에, 권력에, 명예에 연연하여 다투다가 죽는 사람들을 많이 보게 된다. 심지어 살인까지 저지른다. 80-90 사는 내 몸 하나 잘 살자고 남을 죽이는 어리석은 일을 저지르는 것이다. 그러나 그 돈을 움켜만 쥐었을 뿐 하늘나라로 가지고 가지는 못한다. 어떤 사람은 혼자 살아왔는데 죽은 뒤 며칠 후에 발견되어 가보니 몇 천 만원을 자리 밑에 감춰 놓고 죽었다고 한다. 많은 갑부들이 수백 억 원씩 모아두었지만 하늘나라로 가지고 간 사람은 한 사람도 없다. 돈도, 명예도, 권세도 하늘나라로 가져가지 못한다. 하늘나라는 돈을 받을 은행도 없고, 장관도 없고, 국무총리도 없다. 국무총리가 천당에 가서 다시 국무총리가 되는 것이 아니다. 잠깐 이 세상에 와서 가지고 있다가 다 놓고 가는 것이 인생이다.

인생이 나그네임은 찬송가 485장을 보면 더 실감이 간다.

(1)

세월이 흘러가는데 이 나그네 된 나는
괴로운 세월 가는 것 막을 길 아주 없네

(2)

저 뵈는 하늘집에서 날 오라 하실 때에
등 예비하라 하신 말 나 항상 순종하네

(3)

어두운 그날 닥쳐도 찬송을 쉬지 마세
금 거문고를 타면서 나 주를 찬양하리

(4)

큰 풍파 일어나는 것 세상 줄 끊음일세
주께서 오라 하시면 내 본향 찾아가리

〈후렴〉

저 요단강가 섰는데 내 친구 건너가네
저 건너편에 빛난 곳 내 눈에 환하도다 (찬송가 485장)

장한(長恨) 세월 초로(草露) 인생이요, 오늘의 홍안(紅顔)이 내일이면 백골로 변하는 것이 우리의 **나그네 인생**이다. 얼마나 헛되고 헛된 것이 인생인가!

7. 죽음에 대한 두려움

게다가 인간은 늘 죽음의 두려움 속에서 살고 있다. 혹시 암에 걸리지는 않을까? 교통사고는 당하지 않을까? 게다가 젊었을 때는 몰랐는데, 어느 날 인생을 되돌아보니 지난 세월은 잠깐이요, 엊그제까지 젊었던 사람이 어느새 늙어 죽음이 앞에서 기다리고 있는 것이다.

그런데 우리 속담에 개똥밭에 굴러도 이승이 좋다는 말이 있다. 이는 아무리 이 세상이 살기 어려워도 죽기는 싫다는 말이다. 그래서 악착같이 좋은 음식을 찾고, 하기 싫은 운동을 땀을 흘리면서 하는 것이다.

어느 목사가 일생 동안 하나님을 위해 많은 일해 왔다. 나보다도 남을 위해 봉사했으며, 교회를 위해 헌신해 왔다. 항상 불우한 이웃과 함께 살았으며, 하나님 말씀을 전하기에 힘써 왔다. 어느덧 세월은 흘러 그가 70세가 되어 은퇴하게 되었다. 그러던 해 어느 날 그에게 갑자기 고치지 못할 병이 찾아와 죽게 되었다. 성도들이 매일 그를 위해 기도했다. 그도 또한 자기 병을 고쳐달라고 하나님께 매달렸다. 그러나 하나님은 고쳐주시기는커녕 점점 더 악화시켰다. 어느 날 그는 하나님께 불평을 하면서 기도를 했다. “하나님 저는 나보다도 남을 위해 봉사해 왔으며, 교회를 위해 헌신했습니다. 항상 불우한 이웃과 함께 살았으며, 하나님 말씀을 전하기에 힘써 왔습니다. 그런데 왜 남의 병은 잘 고쳐주시면서 내 병은 이렇게 안 고쳐 주시는 겁니까?”

그때 하나님의 음성이 들려왔다.

“얘야, 그런 말 하지 마라. 너는 하나만 알고 둘은 모르고 있구나. 나도 네가 나를 위해 얼마나 고생했는지 잘 안다. 그래서 말인데, 너를 빨리 더 좋은 곳으로 데려가 살게 하고 싶구나. 그곳이 어딘지 아니? 네가 매일 입버릇처럼 좋다고 말하던 천국이란다. 거기에는 고통도 없고 근심도 없으며, 아름다운 곳이라고 네가 늘 말하지 않았니?”

빨리 죽고 싶다는 말은 모두 거짓인 것이다. 온갖 질병으로 거의 죽음

직전에 있는 사람도 죽는 것이 낫겠다고 말을 하나 막상 죽으려면 두려운 것이다. 왜 그럴까? 첫째는 이 세상에 대한 미련 때문이요, 다른 하나는 죽음에 대한 공포 때문이 아닐까? 아마 인간에게 가장 큰 공포는 죽음일 것이다. 죽는 순간이 무섭고, **죽은 뒤에 다가올 세계가 무섭게 느껴지기 때문이다.** 죽으면 어떻게 되는 걸까? 죽고 난 다음에 새로운 세상이 있는 것일까? 그런 세상이 있다면 어떤 모습일까? 정말 천국과 지옥이라는 곳이 있는 걸까? 아니면 사람이 죽으면 그대로 사라지고 마는 걸까? 이런 궁금증 때문에 천국과 지옥에 갔다 왔다는 사람들의 간증에는 이를 듣기 위해 사람들이 구름 떼처럼 몰려온다. 그만큼 사후의 세계가 궁금한 것이다.

사실 사람은 언젠가는 죽게 되어 있고, 죽으면 이런저런 생각으로 사후의 일이 두렵지 않을 수 없는 것이다. 그래서 우리는 조금만 아파도 혹시 죽을병에 걸린 것이 아닌가 하고 두려워한다. 입버릇처럼 살기 싫다고 하던 사람도 막상 죽으라고 하면 노여워한다. 이러한 불안과 좌절과 공포는 아무도 해결해 주지 못한다. 부모도 해결해 주지 못한다. 의사도 해결해 주지 못한다. 두려움 그대로 죽음이 찾아오면 가야 하는 것이 인생인 것이다.

그러면 각 종교서는 죽음을 어떻게 말하고 있나? 죽은 뒤에 가는 세계는 어떤 곳인가?

샤머니즘의 내세관은 간단하여 현세를 이승으로, 내세를 저승으로 표현하고 있는데, 그 저승이라는 곳도 두려움의 대상인 것이다. 죽으면 응당 가는 곳이 저승이지만, 거기는 이승과는 다른 생활이 시작될 것이라고 막연히 생각하고 있다.

무속에서는 몸은 죽고 영(靈)만 남는데 그 영은 선령(善靈)과 악령(惡靈) 중 어느 하나가 된다. 인간을 병으로 괴롭히거나 재앙을 가져다주는 영은 악령이다. 무속의 신관(神觀)에 있어서 원리적으로 모든 사람이 죽으면 그 영은 다 신(神)이나 악귀(惡鬼)가 될 수 있다. 이를테면 현세에서 평생을 유복하게 보내고 한이 없이 살다 죽은 사람은 사후에도 선령이 되지만, 반대로 현세에서 원한을 품고 고통과 억울한 일을 당하고 죽은 영, 특히 요사(夭死)하거나, 횡사한 사람의 영혼은 죽은 후에도 인간을 괴롭히는 악령이 된다. 그래서 이들은 굿을 해서 잘 위로해 주어야 하는데, 그렇지 않을 경우에는 인간세계로 내려와 그 자녀나 후손들에게 해코지를 하게 된다.

불교에서도 기독교처럼 지옥을 말하고 있다. 인간의 죽음은 앞에서 말한 것처럼 죽어 오온이 흩어진다 하더라도 그 업만은 그대로 남아 있다가, 오온이 다시 모여 사람이나 짐승 등으로 다시 태어난다는 것이다. 이때는 업과(業果)에 따라 육도(六道)로 윤회전생(輪廻轉生)한다고 한다. 육도란 천상(天上), 인간(人間), 축생(畜生), 수라(修羅), 아귀(餓鬼), 지옥(地獄)을 말한다. 불교에서 말하는 "육도윤회계(六道輪廻界)란 지옥, 아귀, 축생의 삼악도(三惡道)와 인간, 아수라, 천상의 삼선도(三善道)를 말한다. 지옥(地獄)은 죄업을 많이 지은 영혼이 가는 곳인데, 죄업이 무거운 순서대로 극무간지옥, 무간지옥, 중지옥, 하지옥, 대기지옥의 다섯 등급으로 구분한다고 한다. 중지옥(重地獄) 이상은 가혹한 벌이 가해진다. 하지옥은 벌(伐)이 비교적 경미하고 대기지옥은 벌이 없다. 벌은 자동으로 집행된다. 지독한 벌 때문에 영혼이 까무러치면 멈추었다가 깨어나면 다시 집행된다. 지옥에서 영혼들이 받고 있는 고통은 상상을 초월한다. 〈지장보살본원경〉에 많은 지옥과 그 벌 받는 장면이 나오는데, 실제 지옥은 그보다 더 많고 벌의 종류도 다양하다고 한다. 우리가 들어본 지옥만 해도 화탕지옥, 한빙지옥, 독사지옥, 분뇨지옥, 흑암지옥, 도산지옥 등등…. 이름만으로도 소름이 끼칠 지경이다. 그런데 더욱 문제는 지옥의 벌 받는 기간이 보통 겁(劫)의 단위로 정해진다는 점이다. 겁은 기약 없는 장구한 세월을 말한다. 지옥의 벌이 끝나면 보통은 축생(畜生)으로 간다고 한다. 아수라장이나. 아귀지옥이라는 말이 여기에서 생겨났다. 잘못 산 인간은 짐승이 되거나 지옥으로 떨어진다는 말이다. 결국 불교에서의 죽음도 인간에게는 두려움이 되지 않을 수 없는 것이다.

이와는 달리 기독교는 인간은 누구나 죽는데, 죽으면 하늘나라로 가서 하나님 앞에서 심판을 받는다고 말한다. 그런데 어떤 이들은 죽으면 그것으로 모든 것이 다 끝나고 만다고 말한다. 그렇게 되면 어떤 면에서는 좋을지 모르나, 성경은 죽음으로 모든 것이 끝나는 것이 아니라, 창조주인 하나님 앞에서 심판을 받고 천국 아니면 지옥으로 가게 된다고 한다. 다시 말해 하나님께서 죽은 영혼을 의인(義人)과 악인(惡人)으로 갈라놓고 의인은 천국으로, 악인은 지옥으로 보낸다는 것이다.

그런데, 천국과 지옥이 정말 있는가? 천국이 있느냐 없느냐는 아득한 옛날부터 논란의 대상이 되어 왔다. 혹 믿지 않는 사람들 중에는 천당과 지옥이 어디 있느냐고 말한다. 죽으면 그것으로 인생은 끝나버리고 만다는 것이다. 어떤 사람은 천국과 지옥은 연약한 인간들이 만들어 낸 말이라고 말한다. 겁주기 위해서 만들어낸 이야기라는 것이다. 그런 사람에게 "그럼, 당신은 죽어서 지옥에 가시오."라고 말하면 대뜸 화를 낸다. "믿는 사람도 그런 악담을 하느냐"라고…. 얼마나 모순된 이야기인가? 이들은 천당과 지옥의 존재를 겉으로는 부정하면서도 죽으면 모든 것이 끝나버리는 것이 아니라 영혼은 어디론가 갈지도 모른다는 생각이 잠재의식 속에 도사리고 있는 것이다. 마치 죄를 짓고 형무소에 들어가기를 싫어하는 것과 같다.

성경은 천국과 지옥을 분명히 말하고 있다. 천국은 인간의 말로는 다 표현하지 못할 만큼 아름다운 곳이라고 말한다. 요한계시록 21장에 천국이 어떤 곳인가를 잘 표현하고 있는데, 갖가지 보석으로 꾸며졌고, 굉장히 화려해서 인간의 필설로 묘사할 수 없는 곳으로 나와 있다. 저주도 없고, 수고함도 없고, 궁핍함도 없고, 질병도 고통도 죽음도 없으며, 수정같이 맑은 생명수강이 흐르고, 강가에는 생명나무가 12 가지 과실을 맺는다고 했다(계 22:1-2). 또 그 성곽은 벽옥으로 쌓였고, 그 성은 정금인데 맑은 유리 같으며, 그 성의 성곽의 기초석은 각색 보석으로 꾸몄는데, 첫째 기초석은 벽옥이요, 둘째는 남보석이요, 셋째는 옥수요, 넷째는 녹보석이요, 다섯째는 홍마노요, 여섯째는 홍보석이요, 일곱째는 황옥이요, 여덟째는 녹옥이요, 아홉째는 담황옥이요, 열째는 비취옥이요, 열한째는 청옥이요, 열두째는 자수정이라. 그 열두 문은 열두 진주니 각 문마다 한 개의 진주로 되어 있고, 성의 길은 맑은 유리 같은 정금이더라."(계 21장)라고 했다. 이 세상에서는 볼 수 없는 너무 아름다운 낙원으로, 그곳은 고통도 없고 오직 행복만 있으며, 죽지 않고 영생(永生)을 하는 곳이다. 천국은 시간과 공간과 형상을 초월한 영원한 나라이다. 성경은 천국은 부활하신 예수 그리스도와 함께 부활한 성도들이 한 몸을 이루어 세워지는 하나님의 나라이다. 하나님 나라에서의 생활은 참으로 자유롭고 평화로운 생활을 하게 된다고 한다.

반대로 지옥은 너무도 무섭고 고통스러운 곳임은 두 말할 필요도 없다. 한번 들어가면 영원히 벗어나올 수 없는 글자 그대로 고통에 이를 가는 불지옥이다. 지옥을 성경은 이렇게 말한다. "거기는 구더기가 죽지 않고 불도 꺼지지 않느니라."(막 9: 48) 했고, "바깥 어두운 데로 쫓겨나 거기서 울며 이를 갊이 있으리라."(마 8:12). "세상 끝에도 이러하리라. 천사들이 와서 의인 중에서 악인을 갈라내어 풀무불에 던져 넣으리니 거기서 울며 이를 갊이 있으리라."(마 13:49-50). "누구든지 생명책에 기록되지 못한 자는 불못에 던지우더라"(계 20:15). "하나님을 믿지 아니하는 자들과, 흉악한 자들과, 살인자들과, 술객들과, 우상 숭배자들과, 모든 거짓말하는 자들은 불과 유황으로 타는 못에 참예하리니"(계 21:8)라고 말한다. 이 세상으로부터의 도피는 죽음으로 가능하지만 지옥으로부터의 탈출구는 없다.

천국이 없다고 말하는 사람만큼 어리석은 사람은 없다. 무신론자인 토마스 스코트 경(Sir Thomas Scott)은 죽을 때 말하기를, "나는 이때까지 하나님도 없고 지옥도 없는 줄로 알았는데, 그러나 지금은 그곳이 있다는 것을 느끼노라. 나는 하나님의 공의로운 심판에 의해 멸망의 길로 가는구나!"라고 말했다 한다. 또 미국 프란시스코에 뉴톤이라는 유명한 무신론자가 있었는데, 그가 임종 시에 "나는 영원히 정죄를 받는구나! 하나님이 나와 원수가 되었으니 누가 나를 구원하리오? 아, 나는 지옥에서 저주의 견딜 수 없는 고통을 받게 되었구나!" 하고 죽었다 한다.

하늘과 땅을 창조한 이가 누구이겠는가? 삼라만상을 만든 이가 누구이겠는가? 인간을 만든 이가 누구이겠는가? 길흉화복을 주관하는 이가 누구이겠는가? 성경은 하나님이 없다고 말하지 말라고 한다. 한 치의 앞도 못 보는 것이 인간이 아닌가! 암에 걸려서 3개월 후면 죽는다는 판정을 받은 친구에게 와서 손을 잡고 울고 위로하고, 그 불행을 슬퍼해 주고. 집으로 돌아가는 길에 교통사고로 죽었다. 한 시간밖에 못 살 사람이 3개월이나 살 사람을 불행하다고 위로해 주고 간 것이다.

욥기 37장에서 하나님께서는 다투고 있는 세 친구와 욥에게 말씀하신다. "내가 땅의 기초를 놓을 때에, 네가 거기에 있기라도 하였느냐? 네가 그처럼 많이 알면, 내 물음에 대답해 보아라. 누가 이 땅을 설계하였는지 너는 아느냐? 누가 그 위에 측량 줄을 띄웠는지 너는 아느냐? 무엇이 땅을 버티는 기둥을 잡고 있느냐? 누가 땅의 주춧돌을 놓았느냐? 그 날 새벽에 별들이 함께 노래하였고, 천사들은 모두 기쁨으로 소리를 질렀다. 바닷물이 땅 속 모태에서 터져 나올 때에, 누가 문을 닫아 바다를 가두었느냐? 구름으로 바다를 덮고, 흑암으로 바다를 감싼 것은 바로 나다. 바다가 넘지 못하게 금을 그어 놓고, 바다를 가두고 문 빗장을 지른 것도 바로 나다." (욥 37:4-10). 피조물인 인간이 어찌 창조주 하나님의 지혜와 능력을 알 수 있겠는가?

그런데 만약 사람이 죽는 것으로 모든 것이 끝나버린다면 인생은 어떻게 될까? 참으로 허무한 것이 되고 말 것이다. 인생은 사는 가치를 찾지 못할 것이고, 산다는 그 자체가 아무 의미가 없을 것이다. 죽으면 그것으로 끝나는 인생, 무엇 때문에 참되게 살려고 하겠는가? 그렇게 되면 인생은 그저 되는 대로 실컷 먹고 마시고 입고 살다가 죽자 할 것이고, 또한 그것을 인생에 있어서 최고의 행복으로 여길 것이다. 의리도 예절도 양심도 도덕도 필요 없을 것이다. 그렇게 되면 약육강식 하는 동물의 세계와 조금도 다름이 없을 것이다.

그러나 인간은 결코 그렇게 되지 않다. 인간은 하나님의 형상과 모양대로 지음을 받았기 때문이다. 그래서 예의도 있고, 도덕도 있고, 특히 양심이라는 것이 있어 이미 인생은 그것만으로 끝나는 것이 아니라는 것을 믿고 있는 것이다. 무신론자의 부모들도 먼저 간 자식의 관을 앞에 놓고 "아이고, 이 늙은이를 두고 왜 네가 먼저 가느냐?"라고 통곡을 한다. "먼저 가 있어라 뒤 따라 가마" 이렇게 울면서 말한다. 그렇다. 우리의 영혼은 죽으면 그것으로 끝나는 것이 아니라 어디론가 간다. 그럼, 어디로 가겠는가? 기독교에서는 천국 아니면 지옥으로 간다고 말한다.

〈누가복음〉 16장에 부자와 거지 나사로라는 사람이 나온다. "한 부자가 있어 자색 옷과 고운 베옷을 입고 날마다 호화롭게 즐기며 살았다. 그런데 나사로라는 이름을 가진 한 거지가 헌데 투성이로 그의 대문 앞에

버려진 채 그 부자의 상에서 떨어지는 것으로 주워 먹으며 살았는데, 심지어 개들이 와서 그 헌데를 핥을 정도로 비참했다고 한다. 얼마 후 두 사람은 모두 죽었다. 그런데 그 거지는 죽어 천사들에게 받들려 천국에 가서 아브라함의 품에 들어가고, 부자는 죽어 지옥으로 떨어지고 말았다. 그 후 어느 날 지옥에 있던 부자가 고통 중에 눈을 들어 멀리 아브라함과 그의 품에 있는 나사로를 보고 불러 말했다. "아버지 아브라함이여, 나를 긍휼히 여기시어 나사로를 보내어 그 손가락 끝에 물을 찍어 내 혀를 서늘하게 하소서. 내가 이 불꽃 가운데서 괴로워하나이다." 이에 아브라함이 말하기를, "얘, 너는 살았을 때에 좋은 것을 받았고 나사로는 고난을 받았으니 이것을 기억하라. 이제 그는 여기서 위로를 받고 너는 괴로움을 받느니라. 그뿐 아니라 너희와 우리 사이에 큰 구렁텅이가 놓여 있어 여기서 너희에게 건너가고자 하되 갈 수 없고 거기서 우리에게 건너올 수도 없게 하였느니라." 그러자 그 부자가 다시 말하였다. "그러면 아버지여, 구하노니 나사로를 내 아버지의 집에 보내소서. 내 형제 다섯이 있으니 그들에게 증언하게 하여 그들로 이 고통받는 곳에 오지 않게 하소서. 만일 죽은 자에게서 그들에게 가는 자가 있으면 회개할 것입니다."라고 했다. 부자는 죽어 지옥에 갔고, 거지 나사로는 천국에 갔다는데, 부자는 지옥에 간 뒤에야 후회하고, 아직 죽지 않은 자기 형제들에게 천국과 지옥이 있다는 이야기를 전해서 그들이 지옥에 가지 않도록 해 달라는 이야기이다. 이 이야기처럼 사람은 죽으면 그것으로 끝나는 것이 아니라 천국 아니면 지옥 둘 중 어느 한 곳으로 가게 된다. 이것이 성경의 내용이다.

천국과 지옥은 실제로 존재하며, 우리가 반드시 가야 할 곳 중의 하나이다. 천국은 부자나 권력 있는 자나 학력이 높은 자라 해서 가는 곳이 아니다. 선행(善行)을 쌓아서 가는 곳도 아니다. 성경은 오직 예수 그리스도를 믿고 죄를 깨끗이 씻어야 천국에 들어가 영생을 누릴 수 있다고 말한다.

성경은 사람은 때가 되면 반드시 죽어야 하고, 죽은 후에는 살아생전에 믿음에 따라 반드시 심판을 받는다고 말한다. 그 심판의 결과는 천국 아니면 지옥이다. 농부들이 파종을 하고, 여름에 김을 매고 구슬땀을 흘리며 고생하는 것은 가을에 추수 때가 있기 때문이다. 성경에서도 추수할 때 알곡은 곡간에 들이고 쭉정이는 불에 태운다고 했다. 예수께서도 "자기의 육체를 위하여 심는 자는 육체로부터 썩어질 것을 거두고, 성령을 위하여 심는 자는 성령으로부터 영생을 거두리라. 우리가 선을 행하되 낙심하지 말지니 포기하지 아니하면 때가 이르매 거두리라. 그러므로 우리는 기회 있는 대로 모든 이에게 착한 일을 하되 더욱 믿음의 가정들에게 할지니라."(갈 6:8-10절)라고 했다. 하나님께서도 이와 같이 천국으로 가서 영원히 행복하게 살 사람과 지옥에 가서 고생할 사람을 구별하신다고 말한다.

그러면 왜 사후의 세계를 부정하는 사람들이 있는가? 이성적(理性的)으로 인생을 바라보기 때문이다. 눈에 보이지 않는 것을 있다고 말할 수 없는 것이 이성이다. 그러나 종교는 형이상학적(形而上學的)인 문제이지 이성이나 과학으로 풀 문제가 아니다. 이성과 과학을 초월한 것이 종교이다. 지구가 자전한다는 것을 알기 전까지는 해가 동쪽에서 떠서 서쪽으로 기운다고만 생각해 왔다. 이성적으로만 따지려드는 사람에게 보이지 않는 것을 믿으라고 하니 믿어지지가 않는 것이다. 그래서 종교를 이성이나 과학으로 풀다 보면 도그마에 빠지게 되고, 결국은 허무감에 사로잡혀 자살로 치닫게 된다. 종교를 인간의 의지나 이성으로 판단하려고 하면 많은 오류를 범하게 되는 이유가 여기에 있다.

과학이나 이성으로는 천국과 지옥을 설명할 수는 없다. 모든 사람들은 죽으면 흙으로 돌아간다. 이게 과학이다. 그러나 영혼은 하늘로 올라간다. 이게 종교이다. 또 어떤 사람은 그러면 왜 천국과 지옥을 만들어 놓았느냐고 불평을 한다. 이 세상에서도 죄를 지은 사람은 교도소로 보내듯이, 하나님도 법과 질서와 공의(公義)를 위하여 죄인은 지옥으로 보낼 수밖에 없을 것이다. 지옥은 애초에 사람을 위해 만든 것이 아니라 하나님을 대적하고 인간을 괴롭히는 마귀와 그 졸개들을 위해 예비된 곳이었다. 마태복음 24장 41절에 "또 왼편에 있는 자들에게 이르시되 저주를 받은 자들아, 나를 떠나 마귀와 그 사자들을 위하여 예비된 영영한 그 불에 들어가라"라고 했다. 그런데 사람들이 하나님의 진리의 말씀을 듣지 않고 마귀의 거짓말을 믿고 마귀를 따라다니다가 마귀와 함께 영원한 지옥에 들어가게 되는 것이다. 천국과 지옥은 상상으로 지어낸 이야기가 아니라, 실제로 하나님이 통치하시는 하늘나라의 세계이다. 그곳은 하나님이 주권을 가지고 통치하시는 모든 영역이다.

어떤 사람이 여러 사람들이 모인 앞에서 잘난 척하면서 천국이 있다는 것을 증명하는 사람에게는 1000 달러를 주겠다고 떠들어 댔다. 이 말을 옆에서 듣고 있던 어떤 목사가 조용히 말했다. 나는 여러분들 가운데 천국이 없다는 것을 증명해주는 사람이 있으면 10000 달러를 주겠다고 말했다 한다.

우리가 좀 더 겸손한 자세로 인간과 우주의 세계를 바라본다면 천국이 있다 없다를 함부로 말할 수 없음을 알게 될 것이다. 아름다운 자연, 끝없이 펼쳐진 저 우주의 신비, 밤하늘에 반짝이는 별들과 끊임없이 넘실거리는 망망대해, 대자연의 오묘한 조화, 이런 우주의 신비 앞에 자신을 낮춰 좀 더 겸손하게 인생을 바라본다면 인간은 너무 초라해 보이고, 작게 보이고, 무기력해 보이고, 불완전하게 보일 수밖에 없다.

신앙적인 면에서 볼 때 교만은 자신을 파멸로 몰아넣는다고 한다. 우리가 인생의 문제, 신앙의 문제에 대하여 좀 더 겸허한 지세로 바라보며 임할 때 우리의 마음속에 비로소 하나님이 사리잡게 되고, 모든 삼라만상과 인생의 참된 길은 조물주의 섭리 안에서 어쩔 수 없이 움직이게 된다는 것을 깨닫게 될 것이다.

문제는 정말 천국과 지옥이 있다면 나는 어디로 가게 될까? 만일 지옥에 떨어진다면 얼마나 무서운 일인가! 그런데 천국에 간다는 보장도 없지 않은가! 그래서 인간은 죽음을 두려워하는 것이다.

8. 어느 날 갑자기 찾아오는 죽음

요즈음 말세란 말을 많이 듣는다. 이 말은 두 가지 뜻이 있는데, 하나는 개인의 죽음이 가져오는 개인적인 말세요, 하나는 이 세상이 끝나는

우주적인 말세이다. 그런데 이 개인적인 죽음은 어느 때 어디에서 맞을지 아무도 모른다. 어제까지 멀쩡하던 사람이 아침에 죽었다는 소식이 들려오지 않는가! 그래서 이 세상이 끝나는 말세를 두려워할 것이 아니라, 나에게 찾아오는 죽음을 두려워하라고 했다.

성경은 "또 내가 내 영혼에 이르러 영혼아 여러 해 쓸 물건을 많이 쌓아 두었으니 평안히 쉬고 먹고 마시고 즐거워하자 하리라 하되, 하나님은 이르시되, 어리석은 자여, 오늘 밤에 네 영혼을 도로 찾으리니, 그러면 네 예비한 것이 뉘 것이 되겠느냐?"(눅 12:19-20). 또 "주의 날이 밤에 도적같이 이를 줄을 알라."(살전 5:2). "너는 내일 일은 자랑하지 말라. 하루 동안에 무슨 일이 날는지 네가 알 수 없음이라."(잠 27:1). "그런즉 깨어 있으라. 너희는 그 날과 그 시를 알지 못하느니라."(마 25:13). "너희는 예비하고 있으라. 생각지 않을 때 인자가 오리라."라고 했다. 세상에 태어나는 것은 차례가 있으나 죽는 것은 차례가 없다. 그래서 성경은 '근신하라. 깨어 있으라.'(벧전 5:8)라고 했다. 마태복음 25장에 있는 '열 처녀의 비유'가 이를 잘 말해 준다. 신랑을 맞기 위해 기름을 준비한 다섯 처녀와 기름을 준비하지 않은 다섯 처녀의 운명은 둘로 갈라지게 된다. 하나는 천국이요 하나는 지옥행이다.

인생은 흙에서 왔으니 흙으로 돌아가는 것은 정한 이치이다(창 3:19). 많은 사람들이 살려고 발버둥치고 있으나 그런다고 주어진 생명이 더 연장되는 것이 아니다. 다만 조금 더 살고 덜 살고 하는 것뿐이다. 어찌 나 혼자만 영원히 살 수 있겠는가! 문제는 죽음은 나이와는 상관없이 예고 없이 찾아온다는 것이다. 언제 죽을지는 아무도 모른다. 하나님이 '오라'

하시면 꼼짝없이 가야 하는 것이 인생이다. 이것이 개인의 말세이다.

에드워드 목사가 목회하는 교회 옆에 아주 방탕한 주정뱅이가 살고 있었는데, 하루는 이 사람이 얼굴이 하얗게 되어 달려왔다. 그 이유를 물었더니, 자기가 꿈을 꾸었는데 꿈속에서 “네가 만일 회개하지 않으면 내년 오늘에 너를 데려갈 것이다.”라고 알려주더라는 것이다. 목사님께서 이 모든 말을 듣고는

“그러면 이제부터 술과 도박을 끊고 교회에 나오시오.”

주정뱅이는 결심을 하고 술과 도박을 끊고 열심히 교회에 출석했다. 그런데 얼마쯤 나오다 보니 그 열심이 식어졌다. 그래서 목사님이

“어쩌자고 열심을 잃어버렸느냐?”

그 주정뱅이는

“목사님, 그 꿈을 믿으십니까? 그 꿈은 개꿈이지요. 그것을 믿는 사람이 어리석지요.”

하고 교회 출석을 하지 않았다. 그러던 어느 날 이 주정뱅이는 술을 먹고 계단에서 구르는 바람에 그 자리에서 즉사하고 말았다. 바로 1년 전 꿈을 꾼 바로 그 날이었다.

내가 다니던 직장에 어느 사람은 퇴근 후에 즐겁게 바둑을 두고 갔는데, 다음날 아침에 죽었다는 슬픈 소식이 들려왔다. 어떤 사람은 직장에서 저녁에 회식을 하고 밤 10시경에 집으로 가다가 교통사고로 죽고 말았다. 이들이 곧 죽게 된다는 것을 알았다면 바둑도 두지 않고 회식도 하지 않고 곧장 집으로 가서 죽음을 준비했을 것이다.

미국 미네소타 주에 있는 성 요셉 공동묘지에 이색적인 공고가 신문에 게재되었다. "11월 15일부터 겨울 3개월간 문을 닫겠사오니 그 사이에는 죽는 분이 없기를 바랍니다." 그러자, 그 마을의 목사는 다음 주일 설교 제목을 교회 게시판에 즉시 써 붙였다. "죽음에는 휴일이 없습니다. (Death takes no holiday)" 언제 죽을지 모르는 것이 죽음이다.

03. 성경이 말하는 이 세상

우리가 살고 있는 이곳은 착하게 살려고 하는
이들에게는 살기가 힘든 곳이다.
악이 지배하는 세상이기 때문이다.
삶은 고통의 연속일 수밖에 없다.
이와 같은 사실들은 인생을 긍정적으로
보기보다는 부정적으로 보지 않을 수 없게 만든다.

03. 성경이 말하는 이 세상

1. 악이 지배하는 세상

그러면 피조물인 인간, 죽을 수밖에 없는 인간, 한계성을 가진 피조물이 사는 이 세상은 또 어떤 세상인가. 앓지도 않고, 불행한 일도 없고, 행복하게 살다가 죽는 인생인가? 그런데 그게 아니다.

성경은 이 세상을 공중 권세 곧 **악(사탄)이 지배하는 세상, 고난의 세상**이라고 말한다. 이 세상이 얼마나 불행한 일들이 많이 일어나고 있는가? 2002년 성탄절 전야에 전 세계의 수많은 크리스천들은 예수님의 탄생을 축하하기 위해 선물들을 주고받으며 즐거워하고 있었다. 바로 그때 전무후무한 대 해일(쓰나미)이 인도네시아 해안을 강타했다. 또 일본 도쿄 동북부 해안가에서는 지진과 해일로 수만 명이 죽었다. 2015년 네팔에서 일어난 지진은 만 명 가까운 인명을 앗아갔다. 자연의 재해뿐만이 아니다. 독일 나치 정권의 히틀러는 600만 명이나 되는 유대인들을 단순히 그들이 유대인이라는 죄목으로 처형했다. '킬링필드'(Killing Field)로 알려진 캄보디아의 내전으로 폴 포트 정권은 자국민 200만 명 이상의 목숨을 무참하게 죽였다. 지금 이 순간에도 하루에 수십 건씩 살인이 일어나고, 사고로, 병으로, 가난으로 수천 명씩 고통을 받다가 죽어간다.

어떤 장로가 그의 친구가 죽자 문상을 가서 친구의 아들에게 "이놈아,

네 아비가 죽은 것은 네가 하나님을 믿지 않아서 그 벌로 죽었어." 하고 말했다 한다. 정말 그럴까? 그렇다면 믿지 않는 사람은 다 일찍 죽어야 하지 않는가? 그러나 문제는 그렇게 간단하지 않다. 세상에 일어나는 비극이나 자연재해가 피해자들의 죄 때문이라고 말하는 것은 매우 단세포적인 사고의 발상이다. 물론 인간의 타락 이후로 이 세상은 심한 몸살을 앓고 있다. 세상이 제대로 돌아가지 않는다는 말이다. 창조주 하나님께서 의도하신 평화의 세상으로 작동하지 않는다는 말이다.

그럼, 왜 이런 불행한 일들이 발생하는가? **'모른다.'** 다만 알 수 있는 것은 이 세상은 **악이 지배하는 세상**이라는 것뿐이다. 이 세상이 이렇게 된 것은 성경에서는 아담이 하나님의 명령을 거스르고 죄를 짓는 동시에 사탄이 이 세상으로 들어온 것 때문이라고 말한다. 아담의 범죄와 함께 죄가 이 세상에 들어와 있기 때문이다. 아담이 마귀의 말을 따르고 하나님의 말씀에 불복종한 죄가 이 세상에 유입되어 죄악이 판을 치는 세상이 된 것이다. 일반적으로 인재(人災)를 포함하여 자연재해도 궁극적으로는 하나님께 반역함으로 인류가 초래한 불행들로 본다. 사탄이 이 세상의 왕 노릇을 하는 것이다.

이 세상이 얼마나 악한 세상인가? 성경에 인류 최초로 동생 아벨을 살해한 가인의 이야기가 나온다, 아담이 가인의 아우 아벨을 낳았는데, 아벨은 양을 치는 자였고 가인은 농사를 짓는 자였다. 세월이 지난 후에 가인은 땅의 소산으로 제물을 삼아 여호와께 드렸고, 아벨은 자기도 양의 첫 새끼와 그 기름으로 드렸더니, 여호와께서 아벨과 그의 제물은 받으셨으나 가인과 그의 제물은 받지 아니하신지라, 가인이 몹시 분하여 안색이 변하니, 하나님께서 가인에게 "네가 분하여 함은 어찌 됨이며 안색이 변함은 어찌 됨이냐? 네가 선을 행하면 어찌 낯을 들지 못하겠느냐? 선을 행하지 아니하면 죄가 문에 엎드려 있느니라. 죄가 너를 원하나 너는 죄를 다스릴지니라."라고 하셨다. 이에 불만을 품은 가인이 그의 아우 아벨이 들에 있을 때 아벨을 쳐 죽였다(창 4:2-8). 아담으로 인해 죄가 이 세상에 들어온 후 최초로 살인사건이 일어난 것이다. 노아 홍수 이야기나 소돔과 고모라의 멸망도 모두 인간이 저지른 악에서 나온 심판의 사건들이었다.

기독교에서의 죄는 항상 하나님과 그의 의지에 관계되어 있다고 말한다. 죄란 하나님의 명령에 대한 일치의 결함을 나타낸다. 인간이 죄를 지었다고 하는 것은 하나님께서 그것을 따먹지 말라고 명하신 것을 먹었기 때문에 죄가 된 것이다.(창 2: 16~17, 엡 4:18) 다시 말해 피조물인 인간이 창조주의 명령을 거스른 것이다. 이 죄를 **원죄(原罪)**라고 하는데, 이 죄가 전 인류에게 전가(轉嫁)되어 자손 대대로 유전되고 있다. 성경은 모든 사람이 아담 안에서 죄인이 되었으며, 이 죄는 아담이 인류의 대표자로서 유전인자에 의해 그 후손들에게 대대로 전가되어 내려온다고 했다(시 51:5). 이는 하나님이 후손에까지 죄인으로 간주하신 것이 아니라, 아담의 죄가 우리를 죄인으로 만들어 놓았기 때문이다. 그래서 죄가 후손에게 직접 전가되어 인간은 모두 죄인이 된 상태로 출생한다는 것이다.

〈로마서〉 1장에서 바울은 다음과 같이 말을 한다. "하나님의 진노가 불의로 진리를 막는 사람들의 모든 경건하지 않음과, 불의에 대하여 하늘로부터 나타나나니, 이는 하나님을 알 만한 것이 그들 속에 보임이라. 하나님께서 이를 그들에게 보이셨느니라. 창세로부터 그의 보이지 아니하는 것들 곧 그의 영원하신 능력과 신성이 그가 만드신 만물에 분명히 보여 알려졌나니, 그러므로 그들이 핑계하지 못할지니라. 하나님을 알되 하나님을 영화롭게도 아니하며 감사하지도 아니하고, 오히려 그 생각이 허망하여지며 미련한 마음이 어두워졌나니, 스스로 지혜 있다 하나 어리석게 되어 썩어지지 아니하는 하나님의 영광을 썩어질 사람과 새와 짐승과 기어다니는 동물 모양의 우상으로 바꾸었느니라." 그래서 하나님께서 "그들을 마음의 정욕대로 더러움에 내버려 두어 그들의 몸을 서로 욕되게 하게 하셨으니, 이는 그들이 하나님의 진리를 거짓 것으로 바꾸어 피조물을 조물주보다 더 경배하고 섬김이라. 주는 곧 영원히 찬송할 이시로다. 이 때문에 하나님께서 그들을 부끄러운 욕심에 내버려 두셨으니, 곧 그들의 여자들도 순리대로 쓸 것을 바꾸어 역리로 쓰며, 그와 같이 남자들도 순리대로 여자 쓰기를 버리고 서로 향하여 음욕이 불 일듯 하니, 남자가 남자와 더불어 부끄러운 일을 행하여 그들의 그릇됨에 상당한 보응을 그들 자신이 받았느니라. 또한 그들이 마음에 하나님 두기를 싫어하매 하나님께서 그들을 그 상실한 마음대로 내버려 두시어 합당하지 못한 일을 하게 하셨으니 곧 모든 불의, 추악, 탐욕, 악의가 가득한 자요 시기, 살인, 분쟁, 사기, 악독이 가득한 자요 수군수군하는 자요, 비방하는 자요, 하나님께서 미워하시는 자요, 능욕하는 자요, 교만한 자요, 자랑하는 자요, 악을 도모하는 자요, 부모를 거역하는 자요, 우매한 자요, 배약하는 자요, 무정한 자요, 무자비한 자라. 그들이 이 같은 일을 행하는 자는 사형에 해당한다고 하나님께서 정하심을 알고도 자기들만 행할 뿐 아니라, 또한 그런 일을 행하는 자들을 옳다 하느니라."(롬 1:18-32)라고 말한다. 바울이 말하고 있는 요지는 하나님이 살아계신 것을 만물을 통해 보여주시고 있는데도 인간은 그것을 깨닫지 못하고 악을 도모한다는 것이다. 그래서 성경은 "의인은 없나니 하나도 없으며, 깨닫는 자도 없고, 하나님을 찾는 자도 없고, 다 치우쳐 한가지로 무익하게 되고 선을 행하는 자는 없나니 하나도 없도다. 저희 목구멍은 열린 무덤이요, 그 혀로는 속임을 베풀며, 그 입술에는 독사의 독이 있고, 그 입에는 저주와 악독이 가득하고, 그 발은 피 흘리는데 빠른지라. 파멸과 고생이 그 길에 있어 평강의 길을 알지 못하였고, 저희 눈앞에 하나님을 두려워함이 없느니라 함과 같으니라. 우리가 알거니와 무릇 율법이 말하는 바는 율법 아래 있는 자들에게 말하는 것이니, 이는 모든 입을 막고 온 세상으로 하나님의 심판 아래 있게 하려 함이니라."(로마서 3:11-16)라고 말하고 있다. 하나님이 계신 것을 보여주고 있는데도 인간은 악을 저지르고 있다는 말이다. **이 세상이 얼마나 악한 세상인가**를 보여주는 내용들이다.

성경은 인간에게는 타고날 때의 죄의 성품이 성인이 된 뒤에도 그때까지 그대로 남아 있어 비록 종교를 가진 사람이라 해도 여전히 죄를 짓고 산다고 말한다. 우리의 심령 속에 '나'가 아닌 또 다른 '나'라는 '죄'가 늘 도사리고 있어서 그 죄가 나로 하여금 온갖 악한 행위를 하게 하는 것이다. 성경은 '하라'는 것과 '하지 말라'는 하나님의 두 가지 명령으로 되어 있다. 문제는 한쪽에서는 '하라'는 명령이 오면, 다른 한쪽에서는 '하지 말라'는 명령이 동시에 온다는 것이다. 곧 선함을 따르고자 하는 마음과,

육체의 욕망을 따르고자 하는 마음 두 가지가 있어, 한쪽에서는 '최선을 다하라' '거룩한 삶을 살아라'는 하나님의 명령이 오는데, 다른 한쪽에서는 '세상풍조를 따르라'는 사단의 명령이 오는 것이다(엡 2:2). 이것이 인간세계이다. 비록 기독교인이 아니더라도 이 두 명령 중에서 어느 한쪽을 선택해야 한다. 그러자니 자연 세상과 부딪히게 되고, 양심에 갈등을 일으키는 삶을 살게 되는 것이다. 결국 어느 쪽을 선택하느냐에 따라 그 사람의 삶의 모습이 달라지게 된다.

그런 면에서 양심이 있는 인간이라면 인간의 삶은 나와 또 다른 나와의 싸움이라고 볼 수 있다. 선한 쪽을 택하느냐, 아니면 세상의 욕망을 택하느냐, 그 싸움은 끝없이 계속되는 것이다. 그리고 인생은 인내와 갈등의 끝없는 싸움이라고 말한다. 그래서, 온전한 생활을 하려고 노력하는 사람들에게는 이런 갈등은 한도 끝도 없이 계속되는 것이다. 매일매일의 삶이 갈등의 연속인 것이다.

중국 전국시대 말기의 사상가인 순자(荀子; B · C 298-238)는 현실주의에 가까운 사람이었다. 그는 성악설(性惡說)을 주장했는데, 인간의 본성은 본래 악하기 때문에 엄격한 훈련을 통해 선한 성품을 키워 나가야 한다고 하였다. 그의 성악설은 인간은 태어날 때부터 이익을 좋아하고 손해를 싫어하는 존재요, 자신의 본능적인 욕구를 따르는 악한 존재라고 말했다. 인간은 악하기 때문에 사회적 혼란을 가져올 수밖에 없는데, 이 인간의 무한한 이기적 욕구를 막기 위해서는 인위적인 덕목 실천이 중요하다고 했다. 순자는 이 세상을 가장 객관적으로 본 사람인 것 같다. 그런가 하면 바울은 이 세상은 악과 싸워야 하는 하나의 전투장이라고 말한다. 이 세상을 악한 세상으로 본 것이다.

바울은 〈로마서〉 6장에서 이 세상은 악이 지배하는 세상임을 전제로 하고, 그 악을 이기기 위해서는 "지체를 의의 병기(兵器)로 드리라"라고 권면하고 있다. "그러므로 너희는 죄가 너희 죽을 몸을 지배하지 못하게 하여 몸의 사욕에 순종하지 말고 또한 너희 지체를 불의의 무기로 죄에게 내주지 말고, 오직 너희 자신을 죽은 자 가운데서 다시 살아난 자 같이 하나님께 드리며, 너희 지체를 의의 무기로 하나님께 드려라. 그러면 죄가 너희를 주장하지 못하리니, 이는 너희가 법 아래에 있지 아니하고 은혜 아래에 있음이라."(롬 6:12~14)라고 했다. 그는 또 악에 물들지 않으려면 "전신갑주를 입으라"라고 말한다. "너희가 마귀의 간계를 능히 대적하기 위해서는 하나님의 전신갑주를 입으라. 우리의 씨름은 혈과 육을 상대하는 것이 아니요, 통치자들과 권세들과 이 어둠의 세상 주관자들과 하늘에 있는 악의 영들을 상대함이라. 그러므로 악한 날에 너희가 능히 대적하고 모든 일을 행한 후에 서기 위함이라. 그런즉 서서 진리로 너희 허리띠를 띠고, 의의 호심경을 붙이고, 평안의 복음이 준비한 것으로 신을 신고, 모든 것 위에 믿음의 방패를 가지고 이로써 능히 악한 자의 모든 불화살을 소멸하고, 구원의 투구와 성령의 검 곧 하나님의 말씀을 가지라. 모든 기도와 간구를 하되 항상 성령 안에서 기도하고, 이를 위하여 깨어 구하기를 항상 힘쓰며, 여러 성도를 위하여 구하라."(엡 6:10~18). 이 말은 전장에 나가는 군인처럼 완전무장을 하라는 말이다. 우리의 모든 지체를 불의의 연장, 곧 몸의 정욕에 굴복하는 죄에 내맡기지 말고 의의 연장으로 사용해야 한다는 말이다. 그만큼 이 세상은 악이 판을 치는 세상이라는 뜻이다.

또 성경은 죄에 빠지지 않게 하기 위해서는 "근신하라. 깨어있어라. 너희 대적 마귀가 우는 사자같이 두루 다니며 삼킬 자를 찾나니 너희는 믿음을 굳건하게 하여 그를 대적하라. 이는 세상에 있는 너희 형제들도 동일한 고난을 당하는 줄을 앎이라."(벧전 5:8~9절)라고 말한다. 마귀가 우는 사자 같이 두루 다니며 삼킬 자를 찾아다니는 세상이기 때문에, 정직하게 살려는 사람들은 고난을 받을 수밖에 없으니, 깨어 근신하며 대적 마귀와 싸우라고 말한다. 세상은 착한 사람들이 참되게 살아가기에는 그리 호락호락한 세상이 아닌 것이다.

내가 몸 담고 있는 가정, 직장, 사회 모두가 전투장인 것이다. 우리의 메일매일의 생활은 다 어디에나 죄가 매복하고 있어, 교묘한 죄의 덫이 놓여 있으며, 죄의 도전이 도사리고 있는 곳이다. 이런 면에서 일상의 생활은 바로 영적인 싸움터인 것이다. 이 전투장에서 죄라는 것이 숨어 있다가 우리의 마음이 흔들려질 때, 갑자기 나타나 나를 이기려 달려드는 것이다. 이 싸움에서 지게 되면 우리의 생활도 실패하게 되는 것이다. 왜 많은 사람들이 자살을 하는가? 삶과 죽음의 싸움에서 졌기 때문이다. 희망과 절망에서 희망이 졌기 때문이다. 허무라는 악이 인간을 덮쳐 절망하게 만든 것이다.

성경은 인간이 죄를 지어서 죄인이 아니라, 죄인이기 때문에 죄를 지을 수밖에 없는 존재임을 분명히 하고 있다. 이런 죄인들이 사는 세상이기 때문에 악한 세상이라는 것이다. 인간은 전적으로 타락한 죄인임으로 죄에서 태어나서 죄를 짓다가 죄로 인해 죽을 수밖에 없는 존재가 된 것이다.

2. 삶은 고통의 연속이다

이런 악이 지배하는 세상에 사는 사람들은 그 삶도 고통일 수밖에 없다. 아무리 편히 살고 싶어도 세상이 그렇게 만들어 주지 않는다. 먹고사는 문제, 자녀 문제, 건강 문제, 부모님 문제 등 정말 하루도 편안할 날이 없다. 젊은 여인이 아기를 낳다가 죽기도 하고, 자녀들이 교통사고로 죽기도 한다. 같이 오래 살 줄 알았던 남편이 갑자기 암으로 죽기도 하고, 늙어 움직일 수조차도 없는데 병까지 얻어 신음하면서 죽어가고 있다. 사업으로 실패하기도 하고, 뜻하지 않는 재난 등으로 고생하기도 한다. 게다가 이 사회는 경쟁이 얼마나 심한 세상인가! 젊은이들은 이 경쟁에 지면 모든 것을 포기하기 마련이다. 먹고살기가 얼마나 어려운가를 알 수 있다. 하루 하루 벌어 먹고 살기에도 어려운 세상이다. 알츠하이머에 걸린 사람을 보면 나도 혹시 저렇게 되지 않을까 걱정이 된다.

인간의 삶은 고통의 연속이다. 그 차이는 사람마다 다를지 몰라도 누구나 고통과 염려 속에서 살아가고 있는 것이다. 찬송가 479장에서는 "괴로운 인생길 가는 몸이 평안이 쉴 곳이 아주 없네. 걱정과 근심이 어딘들 없으랴. 돌아갈 내 고향 하늘나라"라고 노래하고 있다. 또 찬송가 486장에서는 이 세상을 다음과 같이 노래하고 있다.

(1)

이 세상에 근심 된 일이 많고 참 평안을 몰랐구나
내 주 예수 날 오라 부르시니 곧 평안히 쉬리로다

(2)

이 세상에 곤고한 일이 많고 참 쉬는 날 없었구나
내 주 예수 날 사랑하시오니 곧 평안히 쉬리로다

(3)

이 세상에 죄악된 일이 많고 참 죽을 일 쌓였구나
내 주 예수 날 건져 주시오니 곧 평안히 쉬리로다

〈후렴〉

주 예수의 구원의 은혜로다 참 기쁘고 즐겁구나
그 은혜를 영원히 누리겠네 곧 평안히 쉬리로다

이 세상에 근심된 일이 많고, 곤고한 일이 많고, 죄악 된 일이 많아 참 평안을 몰랐다고 말한다. 이것이 인생이다. 그러다 보니 왜 인생은 이런 견디기 힘든 고통을 당해야 하는가? 왜 인간은 이렇게 고통을 당하다가 죽고 마는가? 왜 질병으로 가난으로 고생을 하는가? 왜 수고로운 짐을 지고 살아가야 하는 불쌍한 존재인가? 이런 질문은 끝없이 이어지는 것이다.

그러나 성서적으로 볼 때 인간들이 받는 이러한 고난은 당연하다고 한다. 어떤 이는 이제 예수님 믿고 구원을 받았으니 무슨 걱정이 있느냐? 즐겁게 살라고 말한다는데, 이것은 말도 안 되는 소리다. 예수 믿으면 다 잘 살고, 다 건강하고, 다 오래 살고, 근심 걱정 하나도 없이 살 수 있는가? 그렇지 않은 것이 인생이다. 아무리 신앙이 좋은 사람도, 먹고 입고 사는 데 부족함이 없는 사람도 근심 걱정은 조금씩은 있는 것이다.

어느 유명한 실업가가 병원에 입원해서 그와 친한 어떤 목사님이 전도할 겸 병문안을 갔다고 한다. 목사님은 잠깐 동안 그를 위해 기도한 후, "이제, 아무 걱정 마시고 푹 쉬십시오. 아마, 하나님께서는 좀 쉬시라고 이렇게 병원에 보내신 것 같습니다." 그랬더니, 그 실업가의 말이 "아이고, 푹 쉬는 것이 무엇입니까? 병원에 누워 있으니 더 불안하고 더 괴롭습니다. 사람들은 나를 두고 이 세상에서 가장 행복한 사람이라고 말들을 합니다. 사실 나는 세상 사람들이 보기에는 행복한 사람으로 보일지도 모릅니다. 가질 것도 다 가졌습니다. 명예도 누려봤습니다. 그런데도 회사 일로, 자식들 일로, 마음은 늘 허전하고 편치 못합니다."라고 말했다 한다. 이것을 보아도 많이 가졌다고, 지위가 높다고 모두 행복한 것이 아니라는 것을 알 수 있다. 대기업 회장도 병으로 쓰러져 누워 있는 사람이 있다. 대통령이라고 근심 걱정이 없겠는가!

성경 〈욥기〉에서도 인생은 고난이라고 표현하고 있다. 〈욥기〉 14장 1절에 "여인에게서 태어난 사람은 생애가 짧고 걱정이 가득하며"라고 말한다. 〈욥기〉를 보면 욥을 통해 인간이 얼마나 무기력하게 고난을 받고 있는가를 알 수 있다. 욥기 2-3장에 사탄이 여호와 앞에서 물러가서 욥을 쳐서 그의 발바닥에서 정수리까지 종기가 나게 했다. 욥이 재 가운데 앉아서 질그릇 조각을 가져다가 몸을 긁고 있으면서 얼마나 고통스러웠으면 차라리 이 세상에 나오지 않았으면 좋았을 것이라고 말한다. 그는 인생을 가리켜 '여인에게서 태어난 존재' 라고 말한 것부터가 고통의 의미를 함축하고 있다. 〈시편〉 51편에서는 "내가 죄악 중에 출생하였음이여! 모친이 죄 중에 나를 잉태하였나이다."라고 말한 것과 같다.

인생의 고통에 대하여 어거스틴은 "사람이란 누구나 이 세상에 태어나자마자 울음부터 터뜨린다. 이는 장차 자기가 겪을 수많은 고통을 예지하고서 그 불운을 표현한 것이 아니고 무엇이랴?"라고 말했다. 괴테는 칠십 평생 동안 자기가 진정 기뻐해 본 날은 단 하루도 없었다고 고백하였다고 한다. 또 쇼펜하우어는 '인생은 고통하기 위하여 태어난 존재'라고 말했으며, 세네카는 '인생이 고통이라는 사실을 모르는 일처럼 불행한 것은 없다.'라고 기록하였다. 삶은 고통의 연속이다. 이 말은 누구에게나 들어맞는 보편적 진리라고 말한다.

삶의 고통을 말하고 있는 것은 불교도 마찬가지다. 불교는 이 세상을 사바세계(裟婆世界)라고 하는데, 이 사바세계는 석가(釋迦)가 교화하는 땅, 곧 괴로움이 많은 인간세계를 말한다. 그래서 불교에서는 인간세계를 고해(苦海)라고 표현하고 있다. 불교에서는 이 괴로움을 고제(苦諦)라 하는데. 고제(苦諦)란 인생은 생로병사(生老病死) 곧 4개의 고통에서 절대로 벗어날 수 없다는 원리이다.

석가가 출가하기 전에 하루는 그가 조용히 비빈(妃嬪)들이 자고 있는 방을 들어다보았다. 낮에 볼 때는 몸을 치장하여 아름다웠는데, 밤에 보니까 코를 고는 여인, 방귀를 뀌는 여인, 침을 흘리며 자는 여인, 잠꼬대를 하는 여인 등 추하기가 이루 말할 수 없었다. 이 모습들을 보고 크게 놀라, '사람의 몸은 겉으로는 아름다우나 속에는 똥으로 가득 찬 가죽부대'라고 말했다 한다. 다시 도성 밖으로 나가 성 밖에서 가난한 자와 병든 자, 아기 낳는 부인, 병든 늙은이, 죽어서 상여로 나가는 모습에서 인생은 태어나서 늙고 병들어 고생하다가 결국은 죽음으로 끝나고 마는 헛되고 헛된 인생을 본 것이다.

그 후 석가는 인생은 낳고 늙고 병들고 죽는 이 4가지의 고통이 바탕을 이루고 있다고 보았다. 괴로움이라고 하는 것은 범어로 두흐카(duhka)라고 하는데, 여기에는 생로병사(生老病死)의 과정을 통해 오는 여러 가지 고통을 모두 포함하고 있다. 정신적으로 불안과, 짜증과, 분노와, 기타 좌절, 절망, 고독 등도 고(苦)에 해당한다. 즉 육체적 · 정신적인 모든 고통이 전부 고에 해당한다.

불교에서는 이 4고는 다시 8고로 확대된다. 8고란 생로병사(生老病死)의 4고에 다시 4고를 더하여, 사랑하는데도 이별해야 하는 괴로움-애별리고(愛別離苦). 미워하고 증오하는데도 같이 있어야 하는 괴로움-원증회고(怨憎會苦). 구하여도 얻지 못하는 괴로움-구부득고(求不得苦). 오음이 무성한 괴로움-오음성고(五陰盛苦)를 말한다. 오음은 인간의 심신을 형성하는 다섯 가지의 요소 즉 색(色), 수(受), 상(想), 행(行), 식(識)으로, 이들이 서로 조화를 이루지 못하기 때문에 괴로움이 생긴다는 것이다. 이 고는 점점 더해가서 108 번뇌로 이어진다고 한다.

다만 불교가 기독교와 다른 것은 기독교는 아담으로 인한 죄가 세상에 들어왔기 때문이라고 보는데, 불교에서는 이 괴로움의 원인을 **집착**이라고 보는 것이 다르다. 이 집착을 집제(集諦)라 하는데, 집제란 고(苦)의 원인이 되는 업(業)의 총체를 말한다. 즉 고를 불러들이는 것, 다시 말해 이 괴로움이라고 하는 것은 어디서부터 왔느냐 하는 질문이다. 이것이 불교의 번뇌론이다. 아무튼 기독교와 불교가 서로 다른 점은 있지만, 이 세상을 **고통의 세상**으로 본 것은 기독교와 동일하다고 볼 수 있다.

04. 허무에의 극복

사람에 따라 다소 차이는 있으나 인간은 누구나 늘 허무감을 느끼며 살아가는 동물이라고 말한다. 그래서 그 허전함을 메워주기 위해서 무엇인가에 의지할 대상을 찾으려고 한다.
그런데 의지할 대상을 찾지 못했을 때, 삶은 '헛되고 헛된 것'이라 여겨 인생을 포기하게 되는 것이다.
이를 극복하기 위해서는 인간의 실존에 대한 바른 인식과 바른 의식의 전환이 필요하다.

04. 허무에의 극복

지금까지 우리는 인간이 누구인가, 곧 인간의 본질에 대하여 생각해 보았다. 우리가 이런 것을 생각해 보는 이유는 인간에 대하여 제대로 알아야 어떤 불행한 일들이 닥쳐 올지라도 이를 극복하고 새로운 삶을 살 수 있기 때문이다.

지금까지 살펴본 바로는, 인간은 **하나님의 피조물**로 죽을 수밖에 없는 몸이다. 이것은 인간이 마음대로 할 수 없는 **한계성이 있음**을 말해 준다. 또 인간은 잠깐 나타났다 사라지는 아침이슬과 같은 존재로 **헛되고 헛되며 무상한 것이 인생이다.** 그래서 잠시 이 세상에 나왔다가 다시 어디론가 가야 하는 **나그네 같은 존재**이다. 게다가 우리가 살고 있는 이곳은 착하게 살려고 하는 이들에게는 살기가 힘든 곳이다. 그래서 **삶은 고통의 연속일 수밖에 없다.** 이것이 지금까지 우리가 살펴본 인생론이다. 결국 이와 같은 사실들은 인생을 긍정적으로 보기보다는 부정적으로 보지 않을 수 없게 만드는 것들이다.

1. 왜 자살을 하나

그러면 여기에서 이런 고민이 생기게 된다. 모든 인간이 죽을 수밖에 없는 '허무한 나그네 인생'이라면, 그리고 고통 속에서 사는 인생이라면,

어떻게 삶을 살아야 하나? 헛되고 헛된 인생 그저 대충 살다가 죽어 천당이든 지옥이든 가야 하나? 허무한 것이 인생이니 실컷 먹고 마시다가 죽어야 하나? 아니면 허무와 싸워 이겨야 하나?

뉴욕에서 카운슬링을 전문으로 하고 있는 한 목사는 자기를 찾아오는 사람들의 99%는 문제의 뿌리에 외로움이 있다고 지적하였다. 〈종교 뉴스지〉의 조사에 의하면 응답자의 80%가 외로움을 고백하였다고 한다. 알코올, 환각제, 과식, 정신질환들이 고독에서 오는 원인이 크다는 것은 이미 상식이 되어 있다. 의사들은 불면증, 현기증, 위장 장애, 두통, 심지어 감기까지 그 깊은 원인을 외로움에서 찾아내고 있다. 미국의 경우 자살자는 해마다 수만 명에 달하는데, 모두가 근본 원인은 고독이라고 한다.

몇 년 전에는 유명한 탤런트가 스트레스로 자살을 했다는 소식에 온 국민이 큰 충격을 받았다. 또 얼마 전 신문에 80대 노부부가 신병을 비관하고 연탄불을 피워 놓고 자살했다는 기사가 났다. 고통을 이겨내지 못한 것이다. 참으로 안타까운 이야기가 아닐 수 없다.

우리나라도 자살률이 2000년대 들어 가파르게 증가해 왔다. 인구 십만 명 당 자살자 수는 2011년 30명을 넘어섰다 한다. 이것은 1999년에 비해 배 이상 증가한 것이다. 남성의 자살률이 여성보다 두 배 가량 높고, 나이가 많아질수록 자살하는 사람이 늘어난다. 국제적으로 보아도 한국의 자살률은 매우 높은 수준이다.

세계보건기구(WHO)가 발간한 '2017년 세계 보건통계' 자료에 따르면 한국의 자살률은 인구 10만 명당 28.4명으로 조사 대상 183개국 중 4위를 기록했다. 이는 2010년 34.1명에 비해 16.8% 감소한 규모이기는 하나 전

세계적으로 스리랑카(10만 명당 35.3명), 리투아니아(32.7명), 가이아나(29명)의 뒤를 이어 4위에 해당한다.

특히 세계은행이 분류한 '고소득 국가'(High-income country) 중에는 상대적으로 높은 수준이어서 주목된다고 WHO는 설명했다. 참으로 안타까운 일이 아닐 수 없다.

먼저 자살을 하게 만드는, 가장 큰 요인으로는 **개인의 심리적**인 것과, **사회환경적** 그리고 **정신병리적**인 요인으로 나눈다고 한다.

개인의 심리적인 요인으로는 자기가 했던 일들에 대해 자책하거나, 자기가 부당하게 대우받았다고 생각하는 사회와 가족에 대한 불만, 과도한 스트레스에서 탈출하고 싶은 마음, 사랑하는 사람을 상실해서 오는 슬픔, 거듭된 실패로 인한 좌절, 남과 비교에서 오는 열등의식, 종교나 주술에 관한 것 등 다양하다고 한다.

사회환경적인 요인으로는 불행한 가정, 안 좋은 성적, 가치관이 혼란스러울 때, 경제적으로 어려울 때, 감당할 수 없는 문제에 직면했을 때, 약자에 대해 사회가 해주지 않는 부족함, 빈곤 등이라고 한다.

정신병리적인 요인은 우울증에 걸렸거나, 자살을 시도해 본 적이 있거나, 주변에 그런 사람이 있을 때, 알코올에 중독되었거나, 약물중독, 또는 자기만의 신체적 질병에 의한 고통이라고 한다.

그러나 가장 큰 이유는 그것이 어떤 요인이 되었든 끝에 가서는 우울증이나 허무감 내지 허탈감을 느끼게 한다는 것이다. '이런 인생 살 필요가 있는가?' '과연 삶의 의미가 있는가?' 이렇게 나가다 보면 더 이상 삶의 보람을 찾지 못하고 자살로 끝내는 것이다.

그런데 앞에서 말한 것처럼, 사람에 따라 다소 차이는 있으나 인간은 누구나 늘 허무감을 느끼며 살아가는 동물이라고 말한다. 그래서 그 허전함을 메워주기 위해서 무엇인가에 의지할 대상을 찾으려고 한다. 그런데 의지할 대상을 찾지 못했을 때, 삶은 '헛되고 헛된 것'이라 여겨 포기하게 되는 것이다. 이것은 인간의 실존을 그대로 인식하고 그 허무감을 극복하지 못한 결과에서 나온 것이라고 본다.

사람이 살아가는 데 있어서 가장 중요한 것은 먹는 것과 입는 것과 주택의 해결이다. 우선 이 세 가지가 해결되면 근심 걱정이 다소 사라진다. 그러나 의식주가 다 해결됐다 해서 인생이 모두 만족을 느끼며 살 수 있는가는 의문이다.

과학은 날이 갈수록 발전해 가고 있어 어제가 다르고 오늘이 다르다. 몇 년 전보다 오늘날이 훨씬 더 잘 먹고 잘 산다. 그런데 사람들은 전보다 더 불안해하고 더 불만에 차 있다. 잘 살기로 말하면 미국이나 서구의 여러 나라만큼 잘 사는 나라도 없을 것이다. 잘 사니까 행복한 사람들로 꽉 차 있는 나라가 돼 있어야 하는데 그렇지 못하고 해마다 수만 명씩 정신병자와 자살자가 생긴다고 한다.

2. 인간 실존에 대한 바른 인식이 필요하다

〈마태복음〉 4장 1-18절에 사탄이 예수님을 유혹하는 장면이 나온다. 마귀는 예수를 물질(3절)과, 교만(6절)과, 허세(8-9절)로 유혹했으나, 모두 물리치시고 마귀를 이기심으로 그리스도의 위치를 굳히셨다. 마귀의 유혹을 이김으로써 구세주로서의 자격이 있음을 입증하신 것이다.

성경의 내용은 어디에나 선(善)과 악(惡)의 대립으로 나타난다. 악의 근원인 사탄은 수단과 방법을 가리지 않고 인간을 유혹해서 구원을 받지 못하도록 방해하고 있다. 인간이 죄인이 된 것도 결국 사탄이 아담을 유혹해서 하나님 말씀을 거역하게 함으로써 죄를 지은 것이다.

사단의 존재는 구약에 (창 3:14, 슥 3:2, 욥 2:2, 대상 2:1)과, 신약(고후 2:11, 마 4:10, 막 1:13, 눅 10:18, 요 13:27, 계 20:2,7)의 모든 저자에 의해 가르치고 있다. 예수 그리스도께서도 사탄의 존재를 인정하고 가르치셨다(마 12:26, 마 16:23, 막 3:26, 눅 10:18, 11:18, 눅 22:31). 〈에베소〉에서는 "마귀의 궤계를 능히 대적하기 위하여 하나님의 전신갑주를 입으라"(엡 6:11)고 말한다.

사탄의 원래 상태는 천사들 중의 하나로서 높은 지위에 있었다(겔 28:11-16, 사 14:13). 그러나 교만하여 하나님같이 되려다가 타락하였다고 한다(딤전 3:6, 겔 28:17, 사 14:14). 사탄은 처음에는 아름다운 천사로 창조된 그룹이라고 불리는 서열에 속했다(겔 28:14). 피조물인데도 자기가 피조물인 것을 잊고 하나님과 대적하려다가 쫓겨난 악마이다.(요일 5:19, 엡 6:16, 요일 2:13-14)

사탄이 하는 일로는 주로 불신자들 가운데서 역사한다(엡 2:2). 불신자들의 마음을 어둡게 한다(고후 4:4). 불신자들의 마음으로부터 하나님 말씀을 앗아간다(눅 8:12). 인간을 이용해 하나님의 사역에 대항하게 한다(계 2:13). 미혹케 한다(계 13:14, 18: 23). 또 그리스도인과 관련하여 거짓말을 하도록 유혹하며(행 5:3), 고소하고 참소하며(계 12:10), 하나님의 일에 대항하며(계 2:13), 부도덕에 빠지도록 유혹하며(고전 7:5), 미혹을 받도록 하며(딤전 4:1, 고후 11:3, 계 20:10), 시험하여 범죄케 한다(마 4:1, 고전 7:5). 근본적으로 하나님이 세상을 지배하시지만, 표면적으로는 마귀가 세상을 지배하고 있다.(요일 5:19, 요 12:31)

지금도 사탄은 사람들을 유혹하여 '인생을 허무하게' 느끼게 하며, 우울하게 하며, 무기력하게 하고, 불행하다고 생각하게 하고, 죽음을 생각하게 한다. 물론 다 그런 것은 아니나, 대부분 인생을 부정적으로 보게 하며, 세상을 등지게 만든다. **사탄이 우리를 속이는 것이다. 허무감을 조장하고 부추기는 것이다.** 여기에 속지 말아야 한다.

그러면 어떤 삶을 살아야 이 허무감을 극복할 수 있는가? 먼저 **인간 실존에 대한 바른 인식이 필요하다.** 즉 인간은 누구인가에 대한 이해이다. '왜, 나만인가?'라는 생각을 하지 말아야 한다. 정도의 차이는 있으나 누구나 고독해 하고, 허무하게 느끼는 것이 인간이다. 나만 고통스럽고 나만 허무하게 느끼고 있는 것은 아니다. 우리가 살아가는 데 있어서 알아야 할 것은 **세상의 모든 사람들은 똑같은 환경과 조건 속에서 살고 있다는 것이다.** 어느 별나라에서 나만 뚝 떨어져 나온 것도 아니다. 인생의 실존의 문제는 누구나 똑같이 당면하고 있는 것이다. 이 지구라는 행성에서 원하지도 않았는데 부모에게서 태어나 어렵게 살아가고 있는 것이다. 어떤 아이는 태어나자마자 죽기도 하고, 100살이 넘도록 사는 이도 있다. 평생 병고에 시달리다가 죽는 이가 있는가 하면, 아픈 것이 무엇인지도 모르다가 하룻밤 사이에 조용히 가는 사람도 있다.

노인들이 하나같이 하는 소리가 '인생이 허무하다'는 것과, 다른 하나는 '저녁에 자고 나면 아침에 죽어 있었으면 좋겠다'는 말을 한다. 늙어서 고생할까 봐 그게 걱정이 되는 것이다.

제일 걱정되는 것이 알츠하이머라고 한다. 사람에 따라 다소 차이는 있지만, 누구나 나이가 들면 병들고, 고통을 받다가 죽는 것은 다 같은 것이다. 종합병원에 가보면 인간이 병으로 고통받는 모습을 뼈저리게 느끼게 한다. 구구팔팔 2,3,4 라는 말이 그래서 생긴 것이다. **이것이 인생이다. 삶은 허무하고 고통스러운 것이다. 이런 사실을 인정해야 한다.** 이런 인생을 이해하지 못하면 '왜 나만 이런 불행한 일을 당해야 하는가?' 여기서 좌절하고, 우울해 하고, 이를 극복하지 못하면 우울증에 걸리거나, 더 나아가 자살하게 되는 것이다. 문제는 그 허무함을 어떻게 대처하느냐이다. 싸워서 허무가 이기느냐, 희망이 이기느냐? **희망이 이기면 살고, 허무가 이기면 실패하고 만다.** 그러면 어떻게 인생의 허무를 이길 수 있나? 이에 대해 정신과 의사들은 **의식의 전환**을 가져와야 한다고 말한다.

3. 의식의 전환

그러면, '의식의 전환'이란 무엇인가? 인생에 대한 **허무한 생각을 긍정적인 생각으로** 바꾸는 것을 말한다. 그런데 의식의 전환을 위해서는 앞에서 말한 것처럼 인생의 근본적인 문제들을 일단 인정하지 않으면 안 된다.

30대 40대에는 가정을 위해 정신없이 달려가게 된다. 직장에서는 승진하기 위해 서 죽어라 일을 하고, 집에서는 정신없이 아이들을 키우다 보면 자신의 삶이 없게 된다. 그러다가 60대쯤에서 자녀들을 다 결혼시키고 어느 정도 안정을 찾게 되면 자신의 인생에 대해서 이런저런 생각을 하게 된다. 지금까지 살아온 것을 생각해 보고, 과연 내가 올바르게 살아왔는가 돌이켜 보게 된다. 또 이렇게 살아온 것이 것이 과연 무슨 의미가 있는가 하는 허탈감에도 빠지기도 한다. 돈 벌고 자식들 키우는 데만 정신없이 달려온 것이 아닌가! 나를 위한 삶은 없었지 않는가! 그러다 보면 다른 사람들과 비교가 되고, 우울하게 되고, 외로움은 더해지는 것이다. 더군다나 미래에 대한 불안을 접하게 되면 열심히 노력하면 성공할 것이라는 환상이 깨지면서 허무감이 찾아오고 마음이 공허해진다. 세월이 빠름을 생각하고 또 남은 인생이 얼마 남지 않은 것을 생각하게 된다. 인생무상을 생각하게 되는 것이다. 이런 때 인간은 무엇인가로 채우려고 한다. 어떤 사람은 허무감을 달래기 위해 쇼핑 중독자가 되기도 하고, 알코올 중독이나 약물 중독자가 되기도 한다. 또 허전함을 달래기 위해 불륜을 지지르기도 한다. 이게 인간이다.

그런데 마음의 공허함은 마귀가 제일 좋아하는 것이다. 앞에서 말한 것처럼 마귀가 허무하고 공허함을 부추긴다. 그래서 공허함을 음식으로, 쇼핑으로, 불륜으로 채우려 하지만 소용이 없다. 한도 끝도 없이 허무감에 빠져들게 만든다. 그러다가 지치면 삶의 의미를 발견하지 못하고 자살로 몰고 간다. 정신을 차리고 삶의 태도를 바꾸지 않는 한 마음의 허전함은 밑이 빠진 독과도 같다. 밑 빠진 독에는 아무리 물을 많이 부어도 소용이 없다.

삶이 그대를 속일지라도
슬퍼하거나 노하지 말라
슬픈 날 참고 견디면
즐거운 날이 오고야 말리니
마음은 미래를 바라보고
현재는 한없이 우울한 것
모든 것 순간에 지나가고
지난 것은 그리움이 되리니

- 푸시킨의 시 '삶이 그대를 속일지라도'의 일부 -

"이 시는 푸시킨의 시 중에서 가장 널리 알려지고 많은 사람들에게 사랑을 받는 작품이다. 총 2연으로 이루어진 서정시로, 인생의 희로애락을 모두 겪고, 인생의 후반부에 있는 사람이 인생의 본질이 무엇인지 관조하고, 인간의 의식 깊숙이 자리 잡은 근원적 고독에 대해 성찰하고 있다. 이 시는 삶이 우리를 속일지라도 슬픔을 참고 견디면 즐거운 날이 오게 되며, 비록 현재는 우울할 수밖에 없다 하더라도 모든 인간사는 좌절과 행복, 걱정과 기쁨은 함께 하는 것이라고 말한다. 또한, 시간이 지나면 모든 것이 사라지지만, 그것이 기쁨이든 슬픔이든 지나고 나면 모두 그리움이 되기 때문에 모두 가치와 의미가 있는 것이라고 노래한 것이다."(Daum 백과사전)

허무함에서 빠져나오려면 생각을 바꿔야 한다. 어떤 어려움이 닥칠지라도 좌절하지 말고 새로운 다른 생각으로 바꾸는 것이다. 그것을 칼 융은 우울증을 '새로운 인생을 만들기 위한 심리적 죽음'이라고 표현을 했다. 허무함을 지금과는 다른 나로 다시 태어나고자 하는 계기가 되어야 한다. 그리고 허무함을 무조건 피하려 하기 보다는 자신의 삶을 돌아보는 계기로 삼고, 더욱 건강한 자신으로 만들려고 노력해야 한다.

삶에서의 고통도 마찬가지다. 삶에서 오는 고통은 얼마나 참기 어려운가! 죽지 못해 사는 사람들이 얼마나 많은가! 그렇다고 다 자살하는 것은 아니다. 많은 이들은 고통을 잘 견뎌내고 있다. 1984년 2월 11일 자 〈뉴욕타임스〉는 교황 존 폴 2세가 발표한 '구원에 이르는 고통'이란 제목의 공한을 보도했다. 교황 자신이 어려서부터 많은 고통 속에서 싸우며 살아온 사람으로, 그는 이렇게 말했다. "고통 속에는 신비한 치료의 능력이 들어 있습니다. 괴로움은 두려워할 것도 아니고 피할 것도 아닙니다. 고통은 인간을 구원에 이르게 하는 필요한 신의 도구입니다." 즉 괴로움을 불행으로 보지 않고 행복에 이르는 필요한 축복으로 보며, 고통 자체 속에 신비한 치료제가 있기 때문에 고통을 오히려 기쁨으로 받아들여야 한다는 뜻이다.(디럭스 바이블) 만일 그것이 의지로 안 될 때에는 적극적인 치료를 해야한다. 요즈음에는 항우울증, 항불안증을 치료하는 좋은 약들이 많이 있다고 한다.

성경은 "사람이 감당할 시험 밖에는 너희에게 당한 것이 없나니 오직 하나님은 미쁘사 너희가 감당치 못할 시험당함을 허락지 아니하시고, 시험당할 즈음에 또한 피할 길을 내어 너희로 능히 감당하게 하시느니라."(고전 10:13)고 했다. 허무한 인생이라고 해서, 나그네 인생이라 해서

비관만 하고 허무하게 보내다 죽는다면 그야말로 실패한 인생이 되고 마는 것이다. 그런 의미에서 인생을 어떤 마음의 자세로 바라보느냐는 참으로 중요한 일인 것이다.

어떤 회사에서 사장이 사원들을 모아놓고 세미나를 개최했다. 사장은 귀퉁이에 까만 점 하나를 찍은 흰 종이를 사원들에게 펼쳐 보이면서

"무엇이 보입니까?"

하고 물었다. 그들은

"까만 점이 보입니다."

그러자 사장은

"자세히 보십시오. 다른 것은 보이지 않습니까?"

하고 다시 물었다. 그들은 여전히 까만 점 밖에는 보이지 않는다고 대답을 했다. 그때 사장이 말하기를

"여러분, 까만 점은 이 구석에 하나밖에 없는데 왜 이 넓은 흰 바탕은 볼 줄 모릅니까?"

똑같은 점이 찍힌 종이 한 장을 놓고도 보는 관점이 이렇게 다른 것이다. 의식의 전환을 요구하는 이야기이다.

인간은 대개 세 부류로 살아간다고 한다.

> 첫 번째는 아무렇게나 먹고 마시며 살다가 가자.
> 두 번째는 짧은 인생이지만 진실하게 살다가 가자.

세 번째는 절대자를 믿으며 열심히 살아가자.

첫 번째 사람은 어떤 목적도 없이 되는대로 사는 사람이다. 인생의 무상함 때문에 죽으면 끝나는 인생, 살아있는 동안 최대한 즐기자는 것이다. 그래서 먹고 입고 하고 싶은 대로 본능대로 살며 물질과 육체적 쾌락을 누리려고 하는 것이다. 출세를 위해 수단과 방법을 가리지 않으며, 정욕을 채우기 위해 짐승보다 못한 삶을 살아가는 것이다.

두 번째 사람은 종교를 갖고 있지는 않지만 최선을 다해 살려는 사람이다. 이런 사람은 올바른 양심과 이성을 가진 사람이다. 어떻게 사는 것이 바른 삶인가를 아는 사람이다.

세 번째 사람은 종교를 가지고 있으면서 하늘의 소망을 가지고 열심히 살아가려는 사람이다.

자살하는 사람들을 보면 이들의 대부분은 현실의 고통을 참기가 너무 어려운 사람들이거나, 더 살아봤자 헛되고 헛된 인생 아무 의미가 없다고 생각하는 사람들이다. 물론 이들의 고통스러운 상황을 이해 못하는 것은 아니나, 우리가 조금만 달리 생각해 본다면, 다시 말해 '의식의 전환'을 가져본다면, 우리네 인생이 '허무'하고' '나그네 같은 인생'이지만, 그렇다고 해서 허무 속에 빠져 살 것이 아니라, 오히려 **인생을 좀 더 값지고 더 보람 있게 살아야겠다는 생각을 해야 하는 것이다.** 이것이 의식의 전환이다. 허무한 인생이니 아무렇게나 먹고 자고 살다가 갈 것이냐? 아니면 짧은 인생이니 좀 더 참되게 살다 가느냐? 어느 것을 선택하느냐는 오로지 자신의 생각에 달려 있는 것이다.

4. 〈전도서〉의 요지

성경은 바로 사람들에게 인간이 어떻게 살아야 하는가를 정확히 말해주고 있다.

그중에도 의식의 전환을 가져오게 하는 것으로는 〈전도서〉 만한 책도 없다. 〈전도서〉는 그저 고통스럽고 허무한 것이 인생임을 말한 책이 아니다. 오로지 피조물인 인간은 하나님을 의지하면서 살 수밖에 없는 존재임을 말하고 있다. 인간이 하나님을 의지하면서 하나님 말씀 안에서 살 때, 인간은 행복이 있고 장래의 영원한 소망이 있다는 것이다. 〈전도서〉는 바로 이와 같은 맥락에서 쓴 것이다. 필자는 앞에서 인생의 허무함을 말한 〈전도서〉 내용을 이야기했다.

그러나 〈전도서〉는 무신론이나 회의주의에 대한 답변은 결코 아니다. 오히려 〈전도서〉 전체에 걸쳐서 하나님을 언급하고 있다. 그런데도 솔로몬이 인생을 허무하다고 말한 것은, 그가 바라던 한 가지 곧 다른 세상에 틀림없이 영원한 보좌와 왕국이 있으리라는 것을 대조하여 보여주기 위한 것이었다. **현실은 분명 허무하고 헛된 것뿐이나, 저 세상 곧 영원한 하늘나라 곧 천국은 그렇지 않다는 것이다. 미래의 소망이 있는 곳이다.**

〈전도서〉는 **하늘에 산 소망을 두고 살라**고 말한다. 하나님은 인간으로 하여금 하나님 말씀 안에서 바르게 살라고 만드셨다. 인생은 허무하고 슬프니 인생을 부정적으로 보며 살라고 하지 않았다. 〈전도서〉는 이 점에서 두 가지 관점에서 인생을 바라보라고 말한다. **'해 아래서'** 인생을 보는 관점과, **하나님을 바라보는 관점**이다.

〈전도서〉에서 '해 아래서'만 보는 관점은 인생은 "헛되고 헛되며 헛되고 헛되니 모든 것이 헛되도다."(전도서 1:2)라고 일단 결론부터 내린다. 인생의 모든 행위가 비록 순간적으로는 쾌락을 가져다준다 해도 그것 자체에 목적을 둔다면 인생은 무의미하며 무익한 것이 되고 만다. 곧 '해 아래서의 삶'은 무익하며 혼란한 것이다. 그리고 모든 것이 헛되다는 증거로(전 1:12-6:12) 솔로몬 자신의 다양하고 광범위한 자신이 개인적으로 추구했던 것을 길게 나열하면서 삶의 의미와 만족에 대해 다각적으로 탐구해 가면서 서술한다. 그리고 모든 것이 무의미하며 무익하다는 자신의 주장을 조심스럽게 피력해 나간다. 어떤 행위도, 어떤 재물도 마음의 갈망을 만족시키지 못하고, 세상적인 모든 행복의 추구는 결국 쓴맛만을 남길뿐이라고 한다. 그는 지혜가 더하면 근심도 더한다는 것을 발견하고(전 1:12-18), 웃음, 희락, 술에 대해(전 2:1-3), 그리고 사업, 여자, 재물에 대해서 말하지만(전 2:4-11), 그것도 모두 헛되다는 결론을 내린다. 그는 지혜가 어리석음보다는 훨씬 뛰어나지만 인생이 짧고 죽음이 누구에게나 찾아온다는 사실을 생각하고서 그것도 쓸데없는 것임을 깨닫는다.(전 2:12-17)

이와는 반대로 **'하나님을 바라본 관점'**은 범사에 변하지 않는 우주의 질서와 하나님의 확고한 사랑을 생각하게 한다. 시간은 유한하며 이 땅에 영원한 것은 없지만(전 3:1-5), '하나님의 손에서의 인생은'(전 2:24) 하나님의 값진 선물로서의 의미를 지닌다는 사실을 발견하게 된다. 〈전도서〉는 **허무한 삶의 극복은 오직 하나님을 의지하고 경외함으로써 가능하다는 결론을 내린다.** 반대로 하나님과 그의 뜻을 진지하게 받아들이지 않는 사람들은 무익하고 어리석은 삶을 살게 된다는 것이다. 〈전도서〉 12장에 와서는 "하나님을 경외하고 그 명령을 지킬지어다. 이것이 사람의 본분이니라."(전 12:13)는 결론을 내리면서, 인생의 참된 의미에 대하여 답하고 있다. 인간은 삶 속에서는 그 모든 문제의 해결책을 구할 수 없다. 결국 인생의 참된 의미는 '해 아래' 있는 것이 아니라, 해 위에 계신 하나님 (전 12:11) 안에서만 발견될 수 있다는 것이다.

결국 〈전도서〉는 인간의 모든 추구는 **하나님께 그 목적을 두어야 한다**는 것이다. 하나님이 아니고서는 권세, 인기, 명성, 쾌락 등 그 어느 것도 인생의 공허함을 채울 수가 없다는 것이다. 그러나 일단 하나님의 관점에서 바라보게 되면 **단 하루를 살더라도 삶의 의미와 목적이 생기게 된다**는 것이다. 인생에 있어서의 만족은 이 세상 저 너머를 바라봄으로써만 찾을 수 있다는 것이다. 그리하여 솔로몬은 '먹고 마시며, 기뻐하며, 선을 행하고, 낙을 누리고, 하나님을 경외하고, 하나님의 계명을 지키라'(전 3:12-14)고 외치고 있는 것이다. 인간의 삶이 바로 하나님께서 날마다 주시는 선물임을 깨닫게 되면 허무와 절망은 사라져 버리게 되는 것이다. 〈전도서〉는 허무한 것이 인생이니 고통을 참으며 죄인인양, 혹은 불교의 스님들처럼 수련하면서 살라는 것이 아니라, **하나님 안에서 하늘의 산 소망을 가지고 하루를 살더라도 열심히 그리고 즐겁게 살라고 말한다.**

그런 의미에서 〈전도서〉는 부정적인 주제에 대해 서술하고 있는 것 같지만, 한편으로는 선하시며, 의로우시며, 주권자이신 하나님을 경외함으로써(전 12:13-14) **인생의 허망함을 극복할 수 있다는 긍정적인 주제**로 전개하고 있는 책이다. 하나님의 관점에서 인생을 바라볼 때, 하나님을 신뢰하는 삶을 살게 되고 두려움이 없어지고 즐거운 삶이 된다는 것이다. 비록 가진 것이 없고, 배운 것이 없고, 어렵게 산다 할지라도 하늘의 소망은 이들을 모두 극복하게 만드는 것이다. 이렇게 인식할 때 인생은 하나님의 선물임을 느끼게 되고, 생명을 소중하게 여기면서 하나님을 경외하게 되고, 그 계명을 지키며, 인생을 허무하게 생각하지 않고 즐겁게 살아가게 된다는 것이다.

〈시편〉 39편 6~7절에서도 "진실로 각 사람은 그림자같이 다니고 헛된 일에 분요하며 재물을 쌓으나 누가 취할는지 알지 못하나이다. 주여, 내가 무엇을 바라리오? 나의 소망은 주께 있나이다."라고 말하고 있다. 많은 사람들이 이 세상의 헛된 일에 바쁘게 돌아다니고 있지만, 그러나 이런 것들은 모두 헛된 것뿐이다. 조금 더 오래 살고 조금 더 잘 사는 것뿐이다. 부귀공명을 누린 사람도 이 세상에서 살다가 죽는 것은 누구나 다 똑같은 것이다. 그러나 죽은 후의 결과는 정반대이다. 결론적으로 〈전도서〉는 하나님을 떠난 삶은 헛되고 무익하다는 것을 날카롭게 지적하면서 **이 땅의 모든 목표와 야망은 그것 자체를 목적으로 삼으면 불만과 좌절감만을 남길 뿐이며, '해 아래에 있는' 모든 것은 '헛된 것'**이라고 말하고 있다.

05. 인생의 소중함

성경은 "사람이 만일 온 천하를 얻고도 제 목숨을 잃으면 무엇이 유익하겠느냐? 사람이 무엇을 주고 제 목숨을 바꾸겠느냐"(마 16:26)라고 했다.
우리의 인생이 짧은 인생, 허무한 인생이라는 것을 안다면, 그러한 인생이기 때문에 오히려 더 애착을 가지고 최선(最善) 다해 살아야 하지 않겠는가?
그래서 〈전도서〉는 모든 인생은 "헛되고 헛되다."라고 전제한 후, 헛된 인생을 극복하는 길은 생명의 소중함을 알고, 저 천국을 바라보며, 하나님 앞으로 돌아오는 일이라고 말한 것이다.

05. 인생의 소중함

1. 인생은 하나님이 주신 선물

가끔 어느 이름 있는 사람들이 자살을 했다는 소식을 들을 때마다 안타까운 생각이 들 때가 많다. 조금만 참았더라면, 잠시 한 발 뒤로 물러서 인생을 바라보았더라면 목숨을 그렇게 내버리지는 않았을지도 모른다는 생각에서였다.

기독교 인생관은 오로지 창조주 하나님과의 관계 속에서만 참된 의미를 발견할 수 있으며, 비록 인생은 유한하여 이 땅에 영원한 것은 없지만(전 3:1-5), **인생은 하나님이 주신 것으로 내 마음대로 할 수 없는 값진 선물**이라는 의미를 지닌다는 사실을 발견하게 된다.

목숨을 하찮게 여기지 말아야 한다. 우리의 생명이 소중한 것은 예수 그리스도께서 인류의 모든 죄를 십자가에서 대신 짊어지시고 죽으심으로 우리에게 영생을 주셨기 때문이다. 그러므로 천하보다 귀한 것이 인간의 생명이다. 구원은 하나님께서 우리에게 값없이 주시는 은혜의 선물이다. 그리고 그것은 **'값싼 은혜의 선물'**이 아니라 하나님이 인간들에게 베푸신 **'값비싼 은혜'**인 것이다.

성경은 인생의 소중함을 들에 핀 백합화에 비교하고 있다. "그러므로 내가 너희에게 이르노니 목숨을 위하여 무엇을 먹을까 무엇을 마실까 몸을 위하여 무엇을 입을까 염려하지 말라. 목숨이 음식보다 중하지 아니하며, 몸이 의복보다 중하지 아니하냐? 공중의 새를 보라. 심지도 않고, 거두지도 않고, 창고에 모아들이지도 아니하되 너희 하늘 아버지께서 기르시나니, 너희는 이것들보다 귀하지 아니하냐? 너희 중에 누가 염려함으로 그 키를 한 자라도 더할 수 있겠느냐? 또 너희가 어찌 의복을 위하여 염려하느냐? 들의 백합화가 어떻게 자라는가 생각하여 보라. 수고도 아니하고 길쌈도 아니하느니라. 그러나 내가 너희에게 말하노니, 솔로몬의 모든 영광으로도 입은 것이 이 꽃 하나만 같지 못하였느니라. 오늘 있다가 내일 아궁이에 던져지는 들풀도 하나님이 이렇게 입히시거든 하물며 너희일까 보냐. 믿음이 작은 자들아, 그러므로 염려하여 이르기를, 무엇을 먹을까 무엇을 마실까 무엇을 입을까 하지 말라. 이는 다 이방인들이 구하는 것이라. 너희 하늘 아버지께서 이 모든 것이 너희에게 있어야 할 줄을 아시느니라." (마 6:25-34)

금방 피었다 사라지는 이름 없는 잡초일지라도 이 얼마나 고귀한 생명인가! 잠깐 스치는 바람에 하늘하늘 몸짓을 하며 눈부신 생명은 햇살 뒤로 밝은 미소를 던진다. 순간마다 생명의 즐거운 노래를 부른다. 한갓 이름없는 들풀도 그러한데 인간의 생명은 얼마나 귀중하겠는가!

〈창세기〉 2장 7절은 인간이 누구인가와, 얼마나 소중한가를 알게 하는 대목이다.

앞에서 말한 것처럼, 하나님은 당신의 '형상'을 따라 흙으로 사람을 만들어 생기(生氣)를 불어넣어 생령(生靈)이 되게 하시었다. 여기서 '형상'

이란 하나님의 생김새가 아니라 성품(性品)을 나타낸다. 이는 사람의 육체적 모양이 아니라, 영적(靈的) 도덕적(道德的) 본성 즉 마음과 감정과 의지를 가리킨다. 그리고 이 형상의 부여는 다른 동물과는 달리 인간만이 하나님과 교제할 수 있도록 만물의 영장으로 창조하셨음을 의미한다. 하나님을 닮은 인간인 것이다. 이것은 인간의 생명이 그만큼 소중한 것임을 말해준다. 함부로 포기할 생명이 아닌 것이다.

성경은 **"사람이 만일 온 천하를 얻고도 제 목숨을 잃으면 무엇이 유익하리오. 사람이 무엇을 주고 제 목숨을 바꾸겠느냐?"**(마 16:26)라고 했다. 사실 자기 목숨보다 소중한 것이 무엇이 있겠는가! 우리가 열심히 일하고 먹는 것도 사실 따지고 보면 내 소중한 생명을 유지하기 위해서가 아닌가? 우리의 인생이 짧은 인생, 허무한 인생이라는 것을 인다면, 그 짧고 허무한 인생이기 때문에 오히려 더 애착을 가지고 최선(最善) 다해 살아야 하지 않겠는가. 그래서 〈전도서〉는 모든 인생은 "헛되고 헛되다."라고 전제한 후, **헛된 인생을 극복하는 길은 생명의 소중함을 알고, 하나님 앞으로 돌아오는 일**이라고 말한 것이다. 인생은 허무하지만 영원한 저 천국을 바라보며 살아가야 한다는 것이다.

'해 아래에서'의 인생을 살아가는 사람들은 그들의 행위가 비록 순간적으로는 쾌락을 가져다준다 해도 그것 자체에 목적을 둔다면, 그것은 무의미하며 무익한 것이 되고 만다. 어떤 행위도, 어떤 재물도 마음의 갈망을 만족시키지 못하고, 세상적인 모든 행복의 추구는 결국 순간적이며 쓴맛만을 남길 뿐이라는 것이다. 반대로 '하나님을 바라본 관점'은 피조물로서 범사의 변하지 않는 우주의 질서와 하나님이 확고한 사랑을 생각한 것이다. 시간은 유한하며 이 땅에 영원한 것은 없지만(전 3:1-5), 인생은 하나님의 값진 선물로서의 의미를 지닌다는 사실을 발견하게 된다는 것이다. 그렇게 되면 허무한 인생일지라라도, 나그네 인생일지라도, **삶의 의미와 목적이 생기게 된다**는 것이다. 인생에 있어서의 만족은 이 세상에 있는 것이 아니라, 저 너머를 바라봄으로써만 찾을 수 있는 것이다.

〈전도서〉가 말하고자 한 바도 바로 참된 삶이란 우리에게 생명을 주신 오직 하나님만을 경외함으로써 허무함을 극복하고 참된 삶을 누릴 수 있다는 결론을 내린 것이다. 반대로 하나님과 그의 뜻을 진지하게 받아들이지 않는 사람들은 무익하고 어리석은 삶을 살게 된다는 것이다. 이것은 피조물인 인간은 하나님을 의지하면서 살 수밖에 없는 존재임을 말해준다. 하나님을 의지하면서 하나님 말씀 안에서 살 때, 행복이 있고 장래의 영원한 소망이 있는 것이다. 그리고 그 소망은 천국인데, 그것은 곧 예수 그리스도를 믿음으로 이루어진다고 말한다.

〈요한복음〉 14장 6절 "예수께서 이르시되 내가 곧 길이요 진리요 생명이니 나로 말미암지 않고는 아버지께로 올 자가 없느니라"라고 했다. 예수 그리스도를 믿는 믿음은 기독교의 핵심인 것이다.

또 〈요한복음〉 5장 24절에서는 죽음 후에 이어질 영생을 얘기하고 있다. "내가 진실로 진실로 너희에게 이르노니 내 말을 듣고 또 나를 보내신 이를 믿는 자는 영생을 얻고, 심판에 이르지 아니하나니, 사망에서 생명으로 옮겼느니라."라고 말한다. 인간은 죄로 인해 죽을 수밖에 없지만, 우리가 예수 그리스도를 구세주로 영접할 때 영생을 소유하게 된다. 영생은 이 땅의 짧은 삶과 비교할 수 없는 영원한 삶 곧 천국인 것이다. 이들에게는 죽음은 끝이 아니고, 또 다른 삶의 시작인 것이다. 이런 의미에서 볼 때, 이 땅에서의 삶을 아무렇게나 보내서는 안 된다는 것을 느끼게 한다. 이 땅에서 사는 동안은 영원한 삶을 위한 준비를 해야 하는 것이다. 허무한 인생을 허무하다고만 생각하지 말고, 언젠가는 천국에 간다는 **산 소망을 가지고 긍정적이고도 감사한 마음으로 행복하게 사는 것이다.**

삶에 대한 **부정적인 생각**은 언제나 공허함을 느끼게 한다. 그러나 **긍정적인 생각**은 언제나 소망이 생기고 감사하는 마음을 갖게 한다. 그런데 부정적인 생각과 긍정적인 생각은 종이 한 장의 차이라고 말한다. 마음먹기에 달렸다는 것이다. 사람은 불평과 원망을 하기는 쉬우나 감사하기란 어려운 것이다. 그러나 어려운 일이 닥칠 때마다 부정적인 생각을 긍정적인 생각으로 바꾸려고 노력해야 한다. 생각을 바꾸면 모든 것이 새롭게 보인다. 반 병의 남은 술을 가지고 어떤 이는 "아직도 반 병이 남아 있네." 하는 이가 있는가 하면, "반 병밖에 안 남았네." 하며 슬퍼하는 사람도 있다는 이야기가 있다.

이런 이야기도 있다. 옛날에 한 농부는 도끼를 잃었는데 틀림없이 옆집의 젊은이가 훔쳐갔을 것이라고 생각했다. 평소에 좋지 않게 여겼던 사람이지라, 그 젊은이의 거동을 유심히 살펴보니 길을 걷는 모양이나 말하는 목소리나 모든 일이 다 자기의 도끼를 훔친 사람 같이 보였다. 그리하여 그는 그 젊은이가 도끼를 훔쳤다고 단정했다. 그런데 그 후 며칠이 안 되어 그는 산에 갔다가 잃었던 도끼를 찾아냈다. 며칠 전에 산에 가서 나무를 하다가 방심하여 도끼를 그곳에 두고 왔던 것이다.

이튿날, '그는 나쁜 사람이 아니었구나! 내가 잘못 생각했지.' 이렇게 반성하고 새로운 눈으로 그를 바라보게 되었다. 그러자 그의 걷는 모양이나 말하는 음성이나 그의 모든 일들이 다 자기의 도끼를 훔친 사람 같지 않게 보였다. 부정적인 생각을 긍정적인 생각으로 바꾸니 사람이 다르게 보인 것이다.

기독교는 생명의 종교이다. 사는 동안 자기 수양과 지식의 유익을 얻으려면 불교나 유교 아니면 도교가 더 좋다. 엄격한 계율에서 종교의 만족을 얻으려면 차라리 회교가 낫다. 돈 벌어 부귀를 얻으려면 수단과 방법을 가리지 않고 열심히 노력하면 된다. 그러나 생명을 얻으려면 예수 그리스도를 구세주로 믿는 길밖에 없다.

롱펠로우는 그의 시 인생 찬가에서 "인생은 한낱 허황된 꿈에 지나지 않는다고 슬픈 사연으로 내게 말하지 말라. 인생은 진지한 것. 죽음이 목표는 아니다. 우리가 가야 할 곳, 혹은 가는 길은 향락이 아니고, 슬픔도 아니며, 내일의 하루하루가 오늘보다 낫도록 행동하는 그것이 인생이다." 라고 했다.

진인사대천명(盡人事待天命)이란 최선을 다한 후에 하늘의 뜻을 기다리라는 말이다. 노력은 하지도 않고 하늘의 뜻을 기다리기만 하면 되겠는가? 내일 종말이 온다 하여도 나는 오늘 한 그루의 사과나무를 심겠다는 스피노자의 말처럼 무엇이든 최선을 다하는 사람만큼 아름답게 보이는 사람도 없다. 오늘 하루하루 최선을 다해 산다면 결코 인생은 무의미하지는 않을 것이다.

미국의 시인이며 사상가인 에머슨은 이렇게 말했다. "인생에 대한 잘못된 이해 중의 하나는 현재가 결정적으로 중요한 시기가 아니라고 여기는 것이다. 매일매일이 그 해의 최고의 날이라는 것을 마음 깊숙이 새겨라. 바로 그 날을 온전하게 최선을 다하는 사람이 성공한 사람이다."

마틴 루터 킹 목사는 "한 치 앞도 내다볼 수 없는 것이 인생이라고 말하면서, 한 치 앞도 알 수가 없기에 미래가 불안(不安)한 사람이 있는가 하면 그렇지 않은 사람도 있다고 했다. 미래(未來)에 대한 불안 때문에 당신의 꿈에 도전하지 못했다면 이제부터라도 용기(勇氣)를 내야 한다. 인생(人生)은 생각대로 흘러가지 않는다. 생각지도 못했던 일이 일어나는 것이 인생이다."라고 말했다. 그는 어떤 결과를 얻기보다 살아가는 과정에서 늘 최선을 다하는 삶을 살라는 말을 한 것이다. 그는 꾸밈없는 솔직한 말과 행동으로 많은 사람의 신뢰를 받았는데, 하루는 설교 중 이런 말을 했다. "제가 세상에 조금 알려졌다고 해서 저를 성자나 위인으로 생각하시 마십시오. 저는 모든 하나님의 자녀처럼 죄인입니다. 그러나 저는 좋은 인간이 되려고 노력합니다. 어느 날 하나님께서 저에게 '너는 최선을 다했다. 참 장하다.'라고 말씀해 주실 것을 바라고 있습니다."(디럭스 바이블)

인생은 삶이 힘겹더라도 살만한 가치가 있는 것이다. 그리고 인생은 누구를 위해 사는 것이 아니라 바로 나 자신을 위해 사는 것이다. 내 인생의 주인공은 바로 나 자신이다. 그러므로 내 인생은 나 스스로가 잘 가꾸어가야 한다.

그러기 위해서는 하늘에 산 소망을 두고 살아야 한다. 그렇게 될 때, 인생은 가치가 있고, 또 가치 있게 살려고 노력하게 되는 인생이 된다. 반대로 인생의 가치를 발견하지 못한 사람은 그저 허무하게 살다 죽고 마는 인생이 되는 것이다.

인간은 누구에게나 잠재된 능력과 무한한 가능성이 주어졌다. 어떤 환경이나 위치에 처해 있든 주어진 조건을 어떻게 이겨내고 잘 다스려가느냐에 따라 그 인생의 성공 여부가 결정된다고 한다. 지금 우리에게는 숨겨진 잠재력이 있는데도 그것을 모른 채 살아가고 있는 사람들이 많이 있다. 그것을 찾아내는 것도 내 몫이 아닐까 생각해 본다.

일단 하나님의 관점에서 인생을 바라보게 되면, 삶의 의미와 목적이 생기게 된다. 우리가 평소 '먹고 마시며, 기뻐하며, 선을 행하고, 즐거움을 누리고, 하나님을 경외하고, 하나님의 계명을 지키며'(3:12-14) 사는 삶이 바로 하나님이 날마다 주시는 선물임을 깨닫게 되고, 허무와 절망으로부터 벗어나게 되는 것이다. 이럴 때 인간은 하나님 앞에서 자신의 죄와 과오에 대한 참회가 있게 되고, 새로운 존재. 즉, 하나님의 자녀로 다시 태어나게 되며, 비로소 인간의 새롭고 진정한 본성을 찾게 되는 것이다. 그리고 인생의 소중함을 알게 된다. **인간은 자신이 피조물임을 알고, 긍정적인 마음으로 하나님의 자녀로서 겸손하게 살아갈 때에야 참 평안이 주어지는 것이다.** 그리고 하나님과 함께 할 때 영원한 소망이 주어지는 것이다.

2. 인간의 최종 목적지

인간에게는 죽으면 그것으로 끝나는 것이 아니라, 다시 가야 할 최종 목적지가 기다리고 있다. 바로 하늘나라이다. 성경은 모든 인간은 하나님을 위해서 창조된 존재라고 말하고 있다. 그러므로 인간은 창조주를 떠나서는 살 수 없는 존재이다. 참된 인생은 나를 중심으로 사는 것이 아니라, 창조주 하나님을 경외하고 하나님의 뜻대로 사는 것이다. 우리 인생의 주인은 내가 아니라 하나님이시라는 사실을 깨달았을 때, 그리고 내 인생에서 하나님의 뜻을 찾을 때, 비로소 나라는 존재가 얼마나 소중한 것인가를 알게 된다. 또 행복과 삶의 보람을 느끼게 되는 것이다.

〈베드로전서〉 2장 9절에 "오직 너희는 택하신 족속이요, 왕 같은 제사장들이요, 거룩한 나라요, 그의 소유된 백성이니, 이는 너희를 어두운 데서 불러내어 그의 기이한 빛에 들어가게 하신 자의 아름다운 덕을 선전하게 하려 하심이라."라고 했다. 이 세상은 잠시 머물렀다 영원한 본향으로 가는 여관과 같은 곳이라고 생각한다면, 이왕 살다 가는 것, 어떻게 머물다가 갈 것인가를 생각해야 한다. 이왕이면 나그네와 같은 인생일지라도 즐겁고 아름다운 삶을 살아야 할 것이 아니겠는가? 하나님은 자기를 기뻐하는 자에게 온갖 귀한 축복을 주신다고 약속하셨다(전 2:26). 그러면 하나님이 가장 기뻐하시는 자는 어떤 자인가? 하나님 말씀 안에서 하늘의 산 소망을 가지고 기쁨으로 사는 사람일 것이다.

사도 바울은 〈고린도전서〉 15장 19절에서 "만일 그리스도 안에서 우리의 바라는 것이 다만 이생뿐이면 모든 사람 가운데 우리가 더욱 불쌍한 자이라."라고 했다. 이생의 삶이 전부가 아니라, 죽은 후에 또 다른 세상이 기다리고 있다는 것이다. 〈요한복음〉 5장 24절에는 죽음 후에 이어질 영생을 얘기하고 있다. "내가 진실로 진실로 너희에게 이르노니 내 말을 듣고 또 나를 보내신 이를 믿는 자는 영생을 얻겠고 심판에 이르지 아니하나니 사망에서 생명으로 옮겼느니라." 인간이 죄로 인해 죽을 수밖에 없지만, 우리가 하나님께서 보내신 이, 곧 예수 그리스도를 구세주로 영접할 때 영생을 소유하게 된다.

영생은 이 땅의 짧은 삶과 비교할 수 없는 영원한 삶 곧 천국인 것이다. 이처럼 인생의 죽음은 끝이 아니고 또 다른 삶의 시작인 것이다. 이런 의미에서 볼 때 우리는 이 땅에서의 삶을 아무렇게나 보내서는 안 된다는 것을 깨닫게 된다. 비록 나그네 인생, 허무한 인생이지만, 이 땅에서 사는 동안 영원한 세상을 위한 준비를 해야 하는 것이다. 그러므로 이 땅에서 나그네로서 어떻게 살아야 할 것인가를 배워야 한다.

나그네의 삶이란 최종 목적지가 따로 있는 삶이다. 우리의 최종 목적지는 천국인 것이다. 이처럼 우리의 최종 목적지가 이 땅이 아님을 분명히 알 때, 우리의 삶의 태도는 달라질 것이다. 그리고 그곳을 소망하며 살아갈 때 행복이 있고 즐거움이 있는 것이다.

〈히브리서〉에서는 "이 사람들은 다 믿음을 따라 죽었으며 약속을 받지 못하였으되, 그것들을 멀리서 보고 환영하며, 또 땅에서는 외국인과 나그네라 증거하였으니, 이같이 말하는 자들은 본향을 찾는 것을 나타냄이라. 저희가 나온 바 본향을 생각하였다면 돌아갈 기회가 있었으려니와, 저희가 이제는 더 나은 본향을 사모하니 곧 하늘에 있는 것이라. 그러므로 하나님이 저희 하나님이라 일컬음 받으심을 부끄러워 아니하시고 저희를 위하여 한 성을 예비하셨느니라."(히 11:13-16)라고 했다. 천국의 소망을 가지고 사는 사람들에게는 하나님께서 한 성 곧 천국을 예비해 두시고 계시다는 것이다. 기독교인들이 상가(喪家)에서 찬송을 부르는 것도 이 세상에서의 이별은 슬프지만, 망자는 이제 이 세상의 모든 고난을 다 이기고 천국으로 들어간 다는 믿음이 있기 때문이다.

찬송가 486장에는 다음과 같이 노래하고 있다.

(1)

이 세상에 근심된 일이 많고 참 평안을 몰랐구나
내 주 예수 날 오라 부르시니 곧 평안히 쉬리로다

(2)

이 세상에 곤고한 일이 많고 참 쉬는 날 없었구나
내 주 예수 날 사랑하시오니 곧 평안히 쉬리로다

(3)

이 세상에 죄악 된 일이 많고 참 죽을 일 쌓였구나
내 주 예수 날 건져 주시오니 곧 평안히 쉬리로나

〈후렴〉

주 예수의 구원의 은혜로다 참 기쁘고 즐겁구나
그 은혜를 영원히 누리겠네 곧 평안히 쉬리로다

이 세상에 근심되고 곤고한 일이 많고 참 평안을 몰랐으나, 내 주께서 날 오라 부르시니 곧 가서 평안히 쉬겠다는 노래이다.

3. 긍정적인 마인드

우울증으로 고통받는 이들이 점점 많아지고 있다 한다. 사회가 점점 복잡해져 인정이 메마르고 살기가 어렵다는 증거이다. 이 우울증이 심해지면 인생의 허무감을 느끼고 삶의 보람을 잃고 자살로까지 몰고 간다. 이렇게까지 되지 않게 하기 위해서는 맨 먼저 병원을 찾아야 하겠지만, 먼저 마음가짐이 더 중요하다는 말을 하고 싶다. **긍정적인 마음을 가져야 한다.** 이 세상은 악하기 때문에 얼마나 많은 사람들이 나에 대하여 악플을 달고, 나를 비방하는가! 그러나 이런 세상적인 것에 무관심해야 한다. '세상에는 별별 사람이 다 있구나!' 생각하고 관심을 보이지 말아야 한다. 인생을 살다 보면 이런 고통을 당하는 사람들이 어디 한 둘이겠는가? 많은 사람들이 이런 부조리한 상황 속에 놓여 있지만, 대부분의 사람들은 긍정적인 생각으로 마음을 잘 다스려 극복하고 있다. 어떤 탤런트는 공연한 일로 마음이 괴로워할 필요가 없다고 아예 SNS에 올라온 댓글을 보지 않는다고 한다.

마리아 테레사는 "나는 언제나 모든 일의 좋은 면만을 본다. 매사에 걱정거리가 되는 어두운 면만 보는 사람이 있지만 나는 그렇지 않다. 비록 엄청난 고통에 짓눌린다 해도, 하늘이 온통 먹구름으로 뒤덮여 한 점도 보이지 않는다 해도 괜찮다. 나는 고통도 낙으로 여기겠다."라고 말했다.

〈탈무드〉에 승자가 즐겨 쓰는 말은 '다시 한 번 해 보자'이고, 패자가 즐겨 쓰는 말은 '해 봐야 별 수 없다'라는 말이라고 한다.

찰스 스펄전은 인생에 대하여 말하기를 "촛불을 보고 감사하면 하나님은 전등을 주시고, 전등을 보고 감사하면 달빛을, 달빛을 보고 감사하면 햇빛을, 햇빛을 보고 감사하면 하나님은 밝은 천국을 주신다."라고 했다.

옛날에 사탄이 지구에 내려와 하필 노르웨이에다가 창고를 지었다고 한다. 사탄의 창고에는 미움, 슬픔, 눈물 허무 등 각종 씨앗들 저장되어 있었다. 이 씨앗들은 어느 누구의 마음속에 들어가도 싹이 잘 나는데 한 동네에서만은 효력이 없다고 한다. 이 동네의 이름은 '행복'과 '기쁨'인데, 어떤 슬픈 상황과 절망적인 처지에서도 그들은 언제나 감사했기 때문이라고 한다. 이 이야기에서 '감사하는 마음에는 사탄이 씨앗을 뿌릴 수 없다.'라는 노르웨이 속담이 나왔다.(디럭스 바이블)

어떤 사람이 공항에서 시내로 들어가기 위해 택시를 탔다. 그런데 그 운전사는 매사를 부정적으로 보는 사람이었다. 그는 말없이 차를 타고 가기가 적적하기도 하여 운전수에게 말을 걸었다.

"오늘 참 날씨가 좋지요."

"하지만 어제보다 못해요."

그는 운전수의 이 같은 대답에 다소 놀라 다시 한번 말을 건넸다.

"하늘이 너무 파랗군요."

"그래요. 하지만 시내에만 들어 가보세요. 매연으로 눈이 따가울 지경입니다."

그는 혼자 생각해 보았다. '이 사람은 좋은 말은 통 할 줄 모르는 사람이군. 하지만 한 번 더 시도해 보아야지.' 그는 길가에 줄지어 늘어서 있는 승용차를 손으로 가리키며 말했다.

"미국은 정말 살기 좋은 곳이죠? 저렇게 차 없는 사람이 거의 없으니… ."

"그렇긴 합니다만…"

그는 불평하듯 말했다.

"차들이 지난날보다 영 성능이 나빠졌어요."

영국 크랜취 감독의 글에 다음과 같은 것이 있다. "어떤 사람은 자기가 가는 평탄한 길에 조그마한 구덩이만 있어도 벌써 하나님을 원망하고 사람을 원망한다.

또 어떤 사람은 자기가 가는 험하고 캄캄한 길에 조그마한 빛만 비치어도 하나님이 주시는 자비로운 빛이라 하여 감사의 기도를 올린다. 화려한 궁전에 살면서도 생이 왜 이리 괴로우며 기쁜 일은 하나도 없느냐고 얼굴을 찡그리며 불평하는 사람이 있는가 하면, 오막살이 집에 살면서도 우리를 지키시는 하나님의 한없는 은혜와 사랑을 진심으로 감사하며 사는 사람이 있다."라고 하였다. 똑같은 은혜를 받았으면서도 감사하는 사람이 있는가 하면 그렇지 않은 사람도 있는 것이다. 실제로 무서운 병은 육체적 병이 아니라 마음의 병이다. 물론 죽을 지경의 환경에서 의식의 전환을 가져온다는 것은 무척 힘든 일인 줄을 아나, 그래도 긍정적인 생각으로 바꾸어야 한다. 앞에서 절망과 희망은 종이 한 장 차이라고 말한 것처럼 마음먹기에 달려 있는 것이다.

영안실에서 일하던 사람의 말이다. 암으로 심한 고통을 받다가 죽는 사람도 가족들을 모아놓고 웃으면서 감사의 말로 이별하는 사람이 있는가 하면, 건강하게 살다죽는 사람 중에는 악을 쓰며 저주하며 죽는 사람도 있다고 한다.

어떤 어려운 일이 닥쳐올 때에는 불안해하지 말고 잠시 한 걸음 뒤로 물러서서 생각을 해봐야 한다.

어떤 사람이 자살을 할 결심을 하고 길을 걷고 있었다. 거기서 집까지는 불과 4-500 미터, 그는 어두컴컴한 집을 떠올리면서 어떻게 죽을 것인가를 골똘히 생각하고 있었다. 하늘은 검은 구름이 잔뜩 끼어 우중충한 것이 금방이라도 비가 쏟아질 것만 같았다. 그는 휴! 하고 고통의 한숨을 한번 쉬고 나서 무의식적으로 고개를 쳐들고 원망하듯 하늘을 쳐다보았다.

바로 그때였다. 검은 구름이 소용돌이치더니 그 사이로 파란 하늘이 보이면서 햇빛이 찬란히 비치기 시작했다. '참 아름답구나! 어쩜 저런 검은 구름 속에 파란 하늘이 보일 수 있담. 게다가 햇빛까지!' 생전 처음으로 아름다운 모습을 보는 것 같았다. 그 순간 그는 조금 전의 죽고 싶다는 생각은 어느새 사라져 버리고 아름다운 생각으로 머릿속이 꽉 채워졌다. 새로운 세계가 보이고 새로운 희망이 보이기 시작한 것이다. '나도 저 하늘빛처럼 아름다울 수가 있을까?' 그는 부지런히 집으로 가서 창문을 활짝 열어젖혔다. 그리고 지저분한 방을 말끔히 청소를 했다. 삶의 의욕이 되살아 난 것이다. 어느새 검은 구름도 걷히고 햇빛이 찬란히 비치고 있었다. 잠깐 생각을 바꾸면 이렇게 살 수 있는 것이다. 불과 4-500 미터의 거리에서의 바꾼 생각의 전환이 인생을 바꾸어 놓은 것이다.

노만 빈센트 필은 '생각을 바꾸면 자기 세계도 바꿀 수 있다'고 했다. 사람이 마음이 고요하면 그 정의가 편안해지고, 마음이 움직이면 신기가 파괴되니 마음이 불안하여 정신이 피로해 진다. 반대로 성품을 고요히 하면 신기가 편안해 진다.

또 이런 이야기가 있다. 어떤 곳에 '자살의 골짜기'라고 하는 곳이 있었다. 이곳에 와서 자살하는 사람들이 많아지자 어느 노인이 이를 걱정한 나머지 '다시 한번 생각해 봅시다.' 라는 글을 쓴 푯말을 세워 놓았다.

그 후 어떤 젊은 남녀가 함께 자살하려고 하다가 이 푯말을 보고, '내가 죽으면 부모님은 얼마나 괴로워하실까' 생각하고 죽지 않았다. 또 얼마 후 얼굴이 못생겼다고 생각하는 사람이 와서 자살하려고 하다가 역시 푯말의 글을 보게 되었다. 그러나 아무리 생각해도 자신의 얼굴은 못생겼고, 또 남들이 싫어할 것이라고 생각하여 결국 자살을 하고 말았다. 생각하기에 따라 살기도 하고 죽기도 한다. 생각을 하되 건전한 쪽으로 생각을 해야 한다.

〈대학(大學)〉에 "마음에 있지 않으면 보아도 보이지 않고 들어도 들리지 않고 먹어도 그 맛을 모른다.(心不在焉 視而不見 聽而不聞 食而不其味)"라고 했다. 모든 것은 마음먹기에 달려 있듯이, 행복과 불행도 마음에 달려 있다.

어느 고사에 여자를 처음 보았을 때 못생겼더니, 다음날 편안할 때 보았을 때 아름다운 여인으로 보였다고 한다. 격기비심(格其非心)이란 불순한 마음을 바르게 고친다는 뜻이요, 일여수(一如水)란 욕심이 없고 물과 같이 깨끗한 군자의 마음씨를 형용한 말이다. 또 금수지장(錦繡之腸)이란 비단결 같이 고운 마음에 아름다운 마음씨를 가진 자를 말한다. 마음이 맑고 밝으면 세상이 밝게 보이고 모두가 행복하게 보이는 것이다.

노만 V 필은 "긍정이란 근본적으로 인생은 좋은 것이요, 결국 인생 속에 있는 선이 악을 정복한다는 믿음에 근거한 철학이다. 또 그것은 모든 어려움, 모든 고통 속에서 어떤 좋은 것이 포함되어 있다는 것을 전제로 한다."라고 말했다.

어떤 일이 도저히 불가능하다고 스스로 믿고서 시작하는 것은 그 일을 불가능하게 만드는 원인이 된다. 노력해 보지도 않고, 어차피 해 봐야 안 된다고 생각하는 것처럼 바보짓은 없다. 매사를 부정적으로 보고 억압된 사고로 해석하는 사람은 심장마비에 걸릴 확률이 그렇지 않은 사람보다 무려 4배나 높다는 연구 결과가 나왔다고 한다. 말이 씨가 된다고, '허무하다' '허무하다' 하고 절망적인 생각을 가지면 그의 인생도 그렇게 흘러가버리고 만다. 키에르케고오르는 절망은 죽음에 이르는 병이라고 했다. 또 키이츠는 낙심은 절망의 어머니라고 했다.

불교는 인생의 허무를 극복하기 위해서는 모든 인연을 끊으라고 말한다. 그러나 성경은 인생은 허무한 것이니까 그리고 고통스러운 세상이니까 참고 견디며 살라고 말하지 않는다. 내 인생만 허무하고 유한한 것이 아니다. 앞서 말한 대로 모든 인생이 지구라는 다 같은 환경 속에서 사는 것이다. 좀 더 오래 살고, 좀 더 일찍 죽고, 잘 살고 못 사는 차이일 뿐, 얼마 동안 살다가 죽는 것은 다 같은 것이다. 그러므로 〈전도서〉가 말한 대로 피조물인 인간은 하나님을 의지하면서 살 수밖에 없다. 하나님을 의지하면서 정직하고 깨끗하게 살 때, 인간은 행복이 있고, 장래의 영원한 소망이 있다는 것이다. 인생은 하나님의 피조물임을 알고, 겸손한 마음으로 오로지 선하시며, 의로우시며, 주권자이신 하나님(전 12:13-14)을 경외하며 실 때 인생의 허무함을 극복하고 행복한 삶을 살 수 있는 것이다.

4. 진정한 행복

고대 설화 중 한 토막이다. 행복은 찾는 자만이 누릴 수 있도록 은밀한 곳에 두라는 창조주의 명을 받는 천사들이 긴급회의를 가졌다. 바다 깊은 곳에 두자는 주장, 높은 산에 두자는 주장이 나왔다. 그러나 교활하고 야망이 있는 인간이 그 정도는 쉽게 찾을 것이라는 의견이 나와 무산됐다. 한 천사가 인간의 마음에 두자고 했다. 인간은 욕심 때문에 자기 마음을 잘 볼 수 없으리라는 것이다. 이 안은 만장일치로 통과되었고, 이때부터 행복은 마음 깊은 곳에 있게 되었다.

진정한 행복은 오로지 본인의 마음에 달려 있다. 행복을 누리기 위해서는 세상 일에 집착하지 말고 탐욕을 버려야 한다. 노자는 도덕경에서 이르기를 "죄악 중에 탐욕보다 더 큰 죄악이 없고, 재앙 중에는 만족할 줄 모르는 것보다 더 큰 재앙이 없고, 허물 중에는 욕망을 채우려는 것보다 더 큰 허물은 없느니라."라고 했다. 지족상락(知足常樂)이라는 말도 있는데, 이 말은 항상 만족할 줄 알면 인생이 즐거운 가운데 살 수 있다는 말이다. 남과 비교하며 이기려고 집착하면 항상 모자란 쪽이 허탈감에 빠지기 마련이다.

무엇을 두고 성공이라고 하는가? 돈? 명예? 권력? 아니다. 다시 말하지만 하늘의 산 소망이 아니고는, 권세, 인기, 명성, 쾌락 등 세상 어느 것도 그 공허함을 채울 수가 없다. '열심히 지금까지 왔는데 나는 이게 뭔가?' 이런 생각을 하지 말아야 한다.

우리 모두는 항상 남과 나를 비교하면서 살고 있다. 비교는 긍정적인 면도 있지만 부정적인 면이 더 크다. 남과 나를 비교하면 저절로 상대적 박탈감이 생기게 된다. 이런 감정이 무서운 것은 자기의 부족을 인정하기보다는 공정하지 못하다는 불만을 먼저 갖게 되기 때문이다. 나름대로 본인이 열심히 길어왔다고 생각을 했는데 나중에 돌이켜보면 그게 아닌 경우가 많다. 어떤 이는 부지런히 더 높은 봉우리를 향해서 기어오르는 사람이 있는가 하면, 또 어떤 이는 남과 비교하다가 자기가 남보다 처진 것을 알고 자포자기 한다.

성공은 무슨 일을 하느냐가 아니라, 어떻게 살아왔느냐로 따지는 것이다. 무슨 일을 하든지 하늘에 소망을 두고 열심히 살아왔으면 그것만으로도 성공한 것이다. 비교는 열등의식 아니면 교만함을 가져온다. 사람의 얼굴이 다 다르듯이 각자의 능력과 재능도 모두 다르다는 것을 알아야 한다. 아리스토텔레스는 자기를 행복하다고 생각하는 사람이 가장 행복한 사람이라고 말했다. 좋은 생각과 행복한 느낌을 자주 접하다 보면 어느새 행복하게 살고 있는 자신을 발견하게 된다.

빈손으로 왔다가 빈손으로 돌아가는 것이 인생이다. '이 세상은 내 것이란 하나도 없다. 모두 두고 떠나고 마는 것이 인생이다. 우리들이 필요에 의해서 재물과 권력 명예 등 여러 가지를 갖게 되지만, 때로는 그것들 때문에 적잖이 마음이 쓰이게 될 때가 있다. 그러니까 무엇인가를 갖는다는 것은 다른 한편 무엇인가에 얽매인다는 것이다. 필요에 따라 가졌던 것이 도리어 우리를 부자유하게 만드는 것이다.

또 우리들의 소유 관념이 때로는 우리들의 눈을 멀게 할 때가 있다. 그래서 자기의 분수까지도 돌볼 새 없이 들뜨게 만든다. 그러나 우리는 언젠가 한 번은 빈손으로 돌아간다. 육신마저 버리고 훨훨히 떠나간다. 하고 많은 물량일지라도 우리를 어떻게 하지 못하는 것이다. 크게 버리는 사람만이 크게 얻을 수 있다는 말이 있다. 소유로 인해 마음을 상하고 있는 사람들에게는 한 번쯤 생각해 볼 말씀이다.'(법정/무소유)

'나는 가난한 탁발승(托鉢僧)이오. 내가 가진 것이라고는 물레와 교도소에서 쓰던 밥그릇과 염소젖 한 깡통, 허름한 요포(腰布) 여섯 장, 수건 그리고 대단치도 않은 평판(評判) 이것뿐이요.' 마하트마 간디가 1931년 9월 런던에서 열린 제2차 원탁회의(圓卓會議)에 참석하기 위해 가던 도중 마르세이유 세관원에게 소지품을 펼쳐 보이면서 한 말이다.

지나친 욕심을 버려야 한다. 욕심이 지나치면 불만 상태에 머물게 된다. 또 그 욕심이 이루어지지 않을 때는 스트레스를 낳는다. 그런데 스트레스라는 것도 받는 자의 마음에 달렸다. 누군가가 말했다. "우리는 한 번밖에 살지 못한다. 한 번밖에 살 수 없으니 살아있는 동안은 참으로 행복하게 살아야 한다. 조그마한 것에 집착함으로 마음의 상처를 받을 필요가 없다. 오늘이 내 생애 최고의 날인 듯 최선을 다해 살고, 지금이 생애의 최고의 순간인 듯 행복해야 한다. 행복은 누리고 불행은 버리는 것이다."

불교에서는 인간의 욕심은 한도 끝도 없어 채워지지 않을 것이라고 말한다. 그래서 그 욕망을 채우려고 집착하는 것보다 아예 욕망의 근원인 그 뿌리부터 잘라내어야 한다고 생각한다. 그렇게 해야만 고통이 완전히 없어져버린 상태가 될 수 있다는 것이다. 그것을 도제(道諦)라 하는데, 도란 열반에 들어가는 방법(길), 곧 고를 멸하여 고통의 정지에 이르는 길을 말한다. 다시 말해 인간의 고통은 집념에서 오는데 그 집(集)을 멸(滅)하여야 열반(涅槃)으로 들어갈 수 있다는 것이다.

또 욕망은 바닷물과 같아서 마시면 마실수록 목마른다고 했다. 어떤 사람은 50익의 재산을 가지고도 100억을 가진 사람을 부러워하며 자신을 불행하다고 느끼기도 한다. 그러나 어떤 사람은 지금 그런대로 먹고살 것이 있고, 자녀들 교육시킬 돈이 있으며, 아프면 병원 갈 돈이 있으니, 비록 많은 재산은 모아놓지 못했다고 하더라도 행복을 느끼고 산다. 어떤 사람은 그렇게 넉넉하지도 않은데 마음이 넉넉하여 오히려 남에게 봉사하면서 행복을 느끼기도 한다. 반면에 만족을 모르고 끝없이 욕구를 추구하면서 욕망의 노예가 되어 사는 사람도 있다. 이것은 마음의 자세가 행복과 직결된다는 것을 말해 준다.

어떤 교회를 짓는데 세 사람의 석공이 와서 날마다 대리석을 조각을 한다. 뭣 때문에 이 일을 하느냐고 물은즉, 세 사람의 대답이 각각 달랐다.

첫째 사람은 험상궂은 얼굴에 불평불이 가득한 어조로,

"죽지 못해서 이 놈의 일을 하오."

둘째 사람은 담담한 어조로,

"돈 벌려고 이 일을 하오."

그는 첫째 사람처럼 자기가 하는 일에 대해서 불평을 갖지는 않았다. 그렇다고 별로 행복과 보람을 느끼는 것도 아니었다.

셋째 사람은 평화롭고 만족스러운 표정으로

"신의 영광을 드러내기 위해서 이 대리석을 조각하오."

마지막 사람은 자기가 하는 일에 보람과 행복을 느끼는 사람이었다. (안병욱/행복의 메타포). 이렇듯이 '마음의 바탕이 밝으면 어두운 방안에서도 푸른 하늘이 있고, 생각과 머리가 어두우면 백일 아래에서도 도깨비가 나타난다'(채근담)고 했다. 또 '마음은 수원과 같아서 수원이 맑으면 흐르는 물도 맑을 것이며, 마음이 바르면 행위도 바를 것이다.'(讀書續錄). 같은 일을 하는데도 이렇게 일을 대하는 태도가 다른 것이다.

인간이 이성을 가진 존엄한 존재라는 것은 인간이 이루어 놓은 어떤 특별한 업적 에 의하여 되는 것이 아니고, 하나님과 관계에서 존엄한 인간으로 살아갈 때 이루어지는 것이다. 그러므로 이 땅의 수고가 끝나는 날 하늘나라에 들어가서 영원히 산 다 것을 늘 생각하면서 즐겁다고 해서 자만하지도 않고, 허무하다고 해서 좌절하거나 절망하지 않는 삶은 살아야 하는 것이다. 언제나 주어진 인생을 사랑하고 성실하게 최선을 다해 살아가는 것이 성공적인 삶일 것이다.

그리고 작은 것에 만족할 줄 알아야 한다. 작은 것에 만족할 줄 알 때, 진정한 행복을 느낄 수 있는 것이다. 작은 행복을 모르면 큰 행복도 모른다. 정말 아름다운 행복은 작은 것 안에 있다.

세상적인 욕망은 결코 행복하게 할 수 없다. 돈 명예 권력은 더 큰 욕망을 낳는다. 〈디모데전서〉 6장 7-8절에서도 "우리는 아무것도 세상에 가지고 오지 않았으며, 또 아무것도 가지고 갈 수 없다"라고 했다. 이것이 인간이다. 빈손으로 왔다가 빈손으로 가는 것이다.

데모크리토스는 인간들이 행복한 것은 몸이나 돈에 의한 것이 아니고 마음의 올바름과 지혜의 많음에 의한다고 말했다. 세네카는 이성의 덕분으로 물건을 탐내지도 않고 꺼리지도 않는 그러한 사람이 행복한 사람이라 말했다. 〈마태복음〉에서는 "심령이 가난한 자는 복이 있다"라고 했는데, 이는 영적으로 가난한 사람이 복이 있다는 말이다.

세상의 모든 부와 권력과 명예로부터 냉담하며 연연하지 않고, 또 자랑하거나 교만하지 않으며, 혹시 부를, 권력을, 명예를 누릴지라도 겸손하고 비천한 마음을 가질 때 우리의 영혼은 가난하게 되고, 이럴 때 행복하게 된다는 것이다.

〈경행록〉에 "족한 줄 알면 가히 즐거울 것이요, 탐욕에 힘쓰면 곧 근심이 있다.(景行錄 云 知足可樂 務貪則憂/명심보감 안분편)"라고 했다. 또 "족한 줄 알아서 항상 만족하면 한평생 욕되지 아니하고, 그칠 줄 알아서 항상 그치면 한평생 부끄러움이 없다.(知足常足 終身不辱 知止

常止 終身無恥/명심보감 안분편)" "대궐 같은 집이라도 밤에 눕는 것은 여덟 자뿐이요, 좋은 농토가 만경(萬頃)이라도 하루에 먹는 것은 두 되뿐이다.(大廈千間 夜臥八尺 良田萬頃 日食二升/명심보감/성심편 하)" 달도 차면 기울고, 극도로 성하면 다음에 오는 것은 쇠한 것이 가득 차는 법, "가득 차면 손실을 부르고, 겸손하면 이익을 얻는다(書經曰 滿招損 謙受益)". "마음이 편안하면 띠집도 안온하고, 성정이 안정되면 나물국도 향기로운 법이다.(心安 茅屋隱 性定菜羹香)"

옛글에 '나물 먹고 물 마시고 팔베개 베고 누워 사나이 살림살이 이만하면 족하'리'라는 말 속에서 우리는 진정한 행복이 어디에 있는가를 발견할 수 있다. 행복을 누리기 위해서는 모든 짐을 내려놓아야 한다. 잘 산다고 해서, 국회의원이 된다고 해서, 대통령이 된다고 해서 다 훌륭한 삶을 산 것은 아닐 것이다. 하늘의 산 소망을 가지고 풀 한 포기 하나라도 소중히 여기며 사는 이름 없는 농부의 삶이 더 성공적인 삶이 될 수 있는 것이다. 우리를 억누르고 있는 모든 짐. 곧 영예나 권력이나, 재물 들에 집착을 하지 말고 모든 것을 내려 놓는 것이다. 야고보서 1장 15절에는 "욕심이 잉태한즉 죄를 낳고 죄가 장성한즉 사망을 낳느니라"라고 했다. 집착은 더 큰 집착을 가져와 더 큰 고통을 가져온다. 산골짜기 초가집 호롱불 밑에도 행복이 있고, 밀레의 '만종'의 그림처럼 하루의 일을 마치고 흘린 땀을 닦으며 기도하는 부부의 모습에서도 행복을 발견할 수가 있다.

띨띨과 미띨이 여기저기 행복의 파랑새를 찾아다녔지만 모두 헛수고하고 집에 돌아와 자기 집 새장 속을 들여다보았더니 거기에 파랑새가 날고 있더라는 것처럼, 행복이란 욕심을 내지 않고 겸손한 마음으로 자족하는 마음에 있는 것이다. 심령이 가난한 마음으로 안분지족 하는 자세, 여기에 진정한 행복이 있는 것이다. '자기 스스로 행복하다고 생각하는 사람은 행복하다'라고 한 영국 속담처럼 행복은 외부에 있는 것이 아니라 바로 우리 자신의 마음에 달려 있는 것이다.

인간은 하나님의 축복 없이는 한 시도 살 수 없는 존재이다. 그 예로, 하나님은 우리에게 햇빛과, 우로와, 공기를 주셨다. 우리는 이것이 없으면 잠시도 살 수 없다. 그런데 이 세상에는 하나님의 이런 축복 없이도 살아갈 수 있다고 생각하는 사람들이 있다. 그들이 그렇게 믿는 이유는 인간에게는 할 수 있는 능력이 있다고 믿기 때문이다.

성경에 야곱과 에서라는 사람이 나온다. 그 둘은 형제인데도 서로 생각하는 것이 달랐다. 야곱은 하나님의 축복 없이는 못 사는 사람이었다. 그래서 늘 복 주시기를 기도하면서 살았다. 그러나 형 에서는 하나님의 축복 없이도 살 수 있다고 생각한 사람이었다. 그래서 장자(長子)의 명분을 동생 야곱에게 팥죽 한 그릇에 가볍게 팔아버리고 말았다. 에서는 야곱보다 기운도 세고 남자다웠다. 야곱은 약하고 섬세하고 여자 같았다. 그러나 하나님 보시기에는 야곱이 더 나았다.

요즈음 세상에도 에서와 야곱처럼 두 부류의 사람들이 살고 있음을 볼 수 있다. 그 하나는 하나님을 의지하며 사는 자요, 다른 하나는 하나님과는 먼 사람이다. 믿는 자는 하나님으로부터 복 받기를 바라며, 하나님 말씀을 늘 생각하고 찬송하며 기도하고, 하나님 말씀에 따라 생활하려고 노력하는 사람이요, 다른 하나는 하나님을 떠나 세상의 탐욕과 질투와 향락

속에서 실컷 먹고 마시다가 죽음의 길로 가는 사람들이다. 성경을 보면 축복을 받은 사람들이 많이 나오는데, 가만히 살펴보면 그들에게는 축복을 받을 만한 자격이 있는 사람들이었다. 그들의 공통된 점은 하나님을 경외하며 하나님 말씀을 순종하며 말씀 안에서 담대히 살아간 사람들이었다.

인생이 나그네라는 것을 아는 사람은, 즉 나그네의 참 뜻을 아는 사람은 인생을 아무렇게나 살지 않는다. 인생의 소중함을 알기 때문이다. 그래서 짧은 인생을 어떻게든 보람 있게 살려고 노력한다. 단 하루를 살더라도 꿈과 희망을 가지고 뚜렷한 목표를 세우고 나그네의 길을 걸어가려고 한다.

인생이 나그네인 줄 알면 이 세상 것은 모두 헛되고 헛된 것임을 알게 된다. 이 세상 것은 모두 사라져 버릴 안개와 같은 것임을 알게 된다. 돈도 지위도 지식도 모두 내 것이 아님을 알게 된다.

그런데 '인생은 나그네'라는 말은 모두가 '헛되고 헛되다'라는 허무감만을 나타낸 말이거나 좌절을 의미한 것은 아니다. 나그네 인생이라 해서 좌절하지 말고, 오히려 나그네 인생이니 하늘에 목표를 두고 열심히 살아가야 한다는 것이다. 옛날 위대했던 선지자들도 모두 그렇게 함으로 나그네의 생활을 승리로 이끌었다.

우리의 영혼은 죽으면 그것으로 끝나는 것이 아니라 또 다른 세상으로 간다. 산 소망을 가지고 이 험악한 세상을 이기며 살아가는 것이 승리하는 인생이 되는 것이다. 누가 승리하는 인생을 사는 사람인가? 찬송가 492장에서 다음과 같이 노래하고 있다.

(1)

잠시 세상에 내가 살면서 항상 찬송 부르다가
날이 저물어 오라 하시면 영광 중에 나아가리

(2)

눈물 골짜기 더듬으면서 나의 갈 길 다간 후에
주의 품 안에 내가 안기어 영원토록 살리로다

(3)

나의 가는 길 멀고 험하며 산은 높고 골은 깊어
곤한 나의 몸 쉴 곳 없어도 복된 날이 밝아 오리

(4)

한 숨 가시고 죽음 없는 날 사모하며 기다리니
내가 그리던 주를 뵈올 때 나의 기쁨 넘치리

〈후렴〉

열린 천국문 내가 들어 가 세상 짐을 내려놓고
빛난 면류관 받아쓰고서 주와 함께 길이 살리

나의 가는 길 멀고 험하며 산은 높고 골은 깊지만, 열린 천국문으로 내가 들어가 세상 무거운 짐을 내려놓고, 빛난 면류관 받아쓰고서 영원히 살겠다는 노래이다.

5. 인생을 아름답게

인간의 평균 수명은 점점 늘어만 간다. 이제는 무병장수가 아니라 유병장수(有病長壽)이다. 그래서 이제는 치병(治病)장수 시대가 되었다. 오래 살다 보니 아프지 않은 사람이 없다. 나만이 아니라 많은 노인들이 그런 고통 속에서 살고 있는 것이다. 이것을 인정해야 한다. 또 살다 보면 견디기 어려운 수많은 일들이 덮쳐 올 때가 있다. 하늘에 소망을 두고 모든 어려움을 이겨내야 한다. 성경은 마지못해서 사는 것이 아니라, 천국의 소망을 두고 하나님 말씀대로 정직하고 신실하게 살면서 세상을 즐겁게 살라고 말한다. 이것이 인생을 아름답게 사는 것이다.

그러면 하늘의 산 소망이란 무엇인가? 목표를 이 지상에 두는 것이 아니라 하늘에 두는 것이다. 이 땅에 이루어지는 일은 부(富)도 명예도 한순간에 지나지 않는다. 그러나 하늘나라의 천국은 찰나가 아니라 영원한 것이다. 성경은 '이 땅에서의 삶이 다하면 그것으로 모든 것이 끝나는 것이 아니고, 예수 그리스도께서 다시 오시는 때에 부활과 심판이 있을 것'이라고 가르친다. 불의한 자는 심판 날에 형벌을 받게 될 것이고, 예수 그리스도를 믿어 의롭게 된 성도는 하나님 나라에서 영원한 생명을 누리게 될 것이다.

예수께서는 죄를 알지도 못하시는 분으로서 우리를 하나님께로 인도하시기 위해 우리의 죄를 대신 짊어지고 십자가에 죽으심으로써 하나님과 인간과의 화해(和解)의 길을 열어 놓으신 분이시다. 다시 말해 예수 그리스도는 하나님과 직접 연락이 되시어, 인간과 하나님과의 사이에서 중보자(仲保者) 역할을 하시는 분이시다. 하나님과 우리와의 단절된 사이를 이어놓는 다리 역할을 하러 오신 분이 바로 예수이시다. 우리는 예수라는 다리를 건너 하나님 앞으로 갈 수 있게 된 것이다. 이렇게 해서 예수 그리스도는 하늘과 땅의 접촉점이 되시고, 두 세계가 서로 통할 수 있는 하나의 길이 되신 것이다.

어떤 사람은 믿는다고 천국에 보내고 믿지 않는다고 지옥에 보내는 것은 부당하다고 말한다. 그러나 이는 인간이 누구인지를 몰라서 하는 말이다. 천국은 죄인들이 가는 곳이 아니다. 인간은 누구나 죄인이기 때문에 반드시 우리의 죄를 대신 짊어진 예수 그리스도를 믿어야 죄 사함을 받아 깨끗하게 될 수 있고, 죄 사함을 받은 깨끗한 자 만이 천국으로 갈 수가 있기 때문이다.

예수를 구세주(救世主)로 믿으면 하나님의 은혜에 의해 죄 용서함을 받게 되고, 하나님과 단절되었던 사귐과 교제가 다시 회복된다. 그리고 심판과 멸망에서 구원을 받아 지옥에 가지 않고 천국에서 영생을 얻게 되는 것이다. 예수 그리스도를 구세주로 믿는 것만으로도 인생의 허무함을 극복할 수 있는 것이다.

예수님이 우리를 위해 대신 죄를 짊어지시고 죽으셨다는 것을 믿는 사람은 믿는 순간 죄가 용서된다. 이것을 **구원(救援)**이라고 말한다. 그러나 믿지 않는 사람은 믿지 않으므로 죄가 그대로 남아 있는 것이다. 기독교에서 말하는 구원이란 바로 죽을 수밖에 없는 인간이 죄를 용서받고 깨끗하게 되어 하나님의 자녀로서 인정받는 것을 말한다. 다시 말해 매여 있는 죽음의 속박으로부터 해방됨을 말한다. 이렇게 되면 죄에서 벗어나 하나님의 자녀가 되어 천국에 갈 수 있게 된다. 성경은 다음과 같이 말하고 있다.

- 저를 믿는 사람이 그 이름을 힘입어 죄 사함을 받느니라.(사도행전 8장 24절)
- 나는 길이요 진리요 생명이니 나를 말미암지 않고는 천국에 갈 자가 없느니라.(요한복음 14장 6절)
- 영접하는 자 곧 그 이름을 믿는 에게는 하나님의 자녀가 되는 권세를 주셨으니(요한복음 1장 12절)
- 그런즉 누구든지 그리스도 안에 있으면 새로운 피조물이라 이전 것은 지나갔으니 보라 새 것이 되었도다.(고린도후서 5장 17절)
- 그러므로 우리가 믿음으로 의롭다 하심을 얻은즉 우리 주 예수 그리스도로 말미암아 하나님으로 더불어 화평을 누리자.(로마서 5장 1절)
- 또 누구든지 주의 이름을 부르는 자는 구원을 얻으리라.(사도행전 2장 21절)
- 네가 만일 네 입으로 예수를 주로 시인하며, 또 하나님께서 그를 죽은 자 가운데 살리신 것을 네 마음에 믿으면 구원을 얻으리라.(로마서 10장 9절)

다시 말하지만 죽은 자는 모두 하늘나라로 가서 어디든지 가는데, 예수를 믿는 자의 영혼은 예수님과 더불어 '낙원'(우리는 흔히 '천당'이라고 함)에서 안식한다(눅 23:43). 그러나 불신자의 영혼은 '음부'(陰府 : 이것

을 흔히 '지옥'이라고 함)라고 하는 고통의 장소로 간다.(눅 6:23)

프랑스의 철학자 볼테르(Voltair)는 무신론자였다. 그는 죽으면 그만이라고 늘 말해왔던 사람이었는데, 죽을 때에야 자기의 생각이 잘못됨을 깨닫고, "나는 하나님께 버림을 당하여 지옥에 가게 되었구나!" 하고 말했다고 한다. 우리가 사람이 죽으면 '돌아가셨어'라고 말하는 것도 사람이 죽으면 그것으로 끝나는 것이 아니라 어디론가 간다는 생각에서 나온 말이다. 심판의 결과는 믿는 이들에게는 아름다운 "새 하늘과 새 땅"(천국)이 기다리겠고, 그렇지 않은 이에게는 불 못(지옥)의 형벌이 기다리고 있을 것이라고 했다.

예수께서도 자신이 재림하실 때 무덤 속에 죽어 있던 자들 모두를 부활시킬 것이라고 말씀하셨다(요 5:25-29). 그런 다음 심판이 있다고 했다. "이는 우리가 다 반드시 그리스도의 심판대 앞에 드러나 각각 선악 간에 그 몸으로 행한 것을 따라 받으려 함이라."(고후 5:10)고 하셨다. 또 "천사들이 와서 의인(義人) 중에서 악인(惡人)을 갈라내어 풀무불에 던져 넣으리니 거기서 울며 이를 갊이 있으리라"(마 13:49-50). "저주를 받은 자들아, 나를 떠나 마귀와 그 사자(使者)들을 위하여 예비 된 영영한 불에 들어가라"(마 25:41). "의인에게는 복이 있으리라. 그들은 그 행위의 열매를 먹을 것임이요, 악인에게는 화가 있으리니 화가 있을 것은 그 손으로 행한 대로 보응을 받을 것임이니라."(사 3:10,11)고 했다.

데살로니가 교회에 보낸 바울의 편지에 예수께서 재림하실 때에 자기와 더불어 안식하는 자(먼저 세상을 떠난 성도들)들을 함께 데리고 올 것이란 사실을 말하고 있다(살전 4:14,15). 그때가 되면 이들의 옛 육신은 부활의 몸으로 다시 일어날 것이고, 또 그들의 영혼은 그 몸으로 다시 돌아올 것이다. 바울은 예수께서 돌아오실 때에 살아 있는 자들은 죽지 않고 순식간에 그 몸이 영광스럽게 변하고, 또 이미 죽었던 자들의 부활의 몸과 똑같이 됨을 경험하게 될 것이라고 했다(고전 15:52 이하). "또 내가 보니 죽은 자들이 무론 대소하고 그 보좌 앞에 섰는데 책들이 펴 있고 또 다른 책들이 펴졌으니 곧 생명책이라 죽은 자들이 자기 행위를 따라 책들에 기록된 대로 심판을 받으니"(계 20:12)라고 했다. 이는 이 땅에서 믿음대로, 행한 대로 거둔다는 말씀이다.

하늘에 소망을 두고 살면 비록 세상살이가 어려울지라도 편안한 삶을 살게 된다. 안분지족(安分知足)이란 말이 있다. 〈명심보감〉에 "족한 줄 알면 가히 즐거울 것이요, 탐욕에 힘쓰면 곧 근심이 있다." 또 "족한 줄 알아서 항상 만족하면 한평생 욕되지 아니하고, 그칠 줄 알아서 항상 그치면 한평생 부끄러움이 없다."라고 말했다. 그러기 위해서는 세상 욕심을 비우고 살아야 한다. "거친 것을 먹고 물을 마시고 팔베개를 하고 살아도 즐거움은 또한 그 가운데 있는 것이니, 의롭지 않으면서 돈 많고 높은 벼슬은 나에게는 뜬구름과 같다."라고 했다. (논어)

가난하다는 말은 너무 적게 가진 사람을 두고 하는 말이 아니라 더 많은 것을 바라는 사람을 두고 하는 말이라고 했다(L.A 세네카). "족한 줄 아는 자는 가난하고 천하여도 또한 즐겁고, 족한 줄 알지 못하는 자는 부하고 귀하여도 또한 근심한다.(知足者 貧賤亦樂 不知足者 富貴亦憂/명심보감 안분편)"

어느 날 장자가 누덕누덕 기운 옷을 입고 다 떨어진 신발을 끌며 혜왕(惠王)을 찾아갔다. 행색이 초라하기 그지없었다. 이때 왕이 그 모습을 보고 물었다.

"선생께서는 어찌 그리도 피폐(疲弊)하십니까?"

이때 장자가 말하기를

"나는 피폐한 것이 아닙니다. 선비로서 도덕을 가지고도 행하지 않는 것이 피폐한 것이지, 기운 옷을 입고 헌 신발을 신은 것은 피폐한 것이 아니라 가난한 때문입니다"라고 말했다.(莊子/山木篇)

세상 것에 집착하지 말아야 한다. '나는 이런 사람이다'라고 자랑하지 말라는 것이다. 내가 없어야 한다. 내가 주인이 아니라, 하나님이 나의 주인이 되시어 나의 모든 삶을 인도하시도록 맡기는 삶이 되어야 한다. 다시 말해 모든 일을 내 뜻대로 하는 것이 아니라, 그분 뜻대로 나를 인도하실 수 있도록 삶의 모든 것을 비워드리는 것이다. 하나님께 "어떻게 할까요?" 하고 물었을 때, "하라" 하면 하고, "하지 말라" 하면 하지 않는 것이다. 하나님이 나의 주가 되시고, 나는 그분의 종이 되는 것이다. 이럴 때 기쁨이 오고 삶의 보람을 느끼게 되는 것이다.

또 성경은 세상의 모든 것을 십자가에 못 박으라고 말한다. 예수 그리스도께서 십자가에 못 박혀 피 흘리며 죽으신 것처럼, 우리도 모든 세상적인 것들, 특히 교만과, 허영과, 욕심을 예수 십자가에 못을 박는 것이다. 이렇게 함으로써 교만과, 시기와, 미움, 탐심, 악행, 타락, 더러움, 부정, 음란, 거짓, 분쟁, 비방하는 일들에서 탈출하는 것이다. 그러면 과거의 나는 죽고 새로운 나로 다시 태어나게 되는 것이다. 이것을 중생(重生)이라고 한다. 이럴 때 비로소 성숙한 인간이 시작되는 것이다. "그런즉 누구든지 그리스도 안에 있으면 새로운 피조물이라. 이전 것은 지나갔으니 보라. 새 것이 되었도다"(고후 5:17). 전과는 다른 새로운 피조물로 변했다는 것이다.

그런데 나를 비우려다 보면 늘 모자란 것 같고, 나만 손해 보는 것 같고, 무능력한 것 같고, 연약한 것처럼 느낄 때가 많다. 이런 데에서 사람들은 늘 갈등에 싸이게 된다. 그래서 그 갈등에서 지게 되면 다시 나를 내세우고, 자랑하게 되고, 다툼이 일어나고, 소리가 커지고 갈라서게 되는 것이다. 자신을 잘 다스려야 한다.

나를 비우고 온유하고 겸손한 사람은 다투지 않는다. 또 악한 자를 대적하여 복수하지 않으며(마 5:39), 남을 나보다 낫게 여기는 마음을 가지며(빌 2:3), 늘 배려하며, 어려운 일이 있어도 오래 참고 늘 화평을 가져온다. 인생이 즐겁고 허무하다는 생각을 갖지 않는다.

미국의 작가 겸 삽화가였던 모리스 센닥(Maurice Sendak)은 "인생은 모든 것을 소유하는 것 이상의 것이어야 한다. 비워서 행복해진 사람은 많아도 채워서 행복해진 사람은 별로 없다. 살면서 욕심이 날 때마다, 그리고 그 욕심을 채우기 위해 뭔가 부끄러운 짓을 하고 싶은 생각이 들 때마다 생각하는 말이다. 인생에는 소유하는 것보다 더 큰 목적이 있어야 한다."라고 했다.

요한 웨슬리는 감리교 창시자로 평생을 가난하게 살았다. 그는 자기가 쓴 책의 인세로 받은 거액의 돈을 모두 희사하면서 다음과 같이 말했다. "돈은 벌 수 있는 대로 벌어라. 모을 수 있는 대로 모아라. 줄 수 있는 대로 주어라."

미국의 대통령이었던 아이젠아워는 돈에 대한 애착이 별로 없는 사람이었다. 그가 대통령이 되기 전에 참모총장에서 물러날 때에도 그에게는 돈이 전혀 없었다. 심지어는 자가용차도 없이 전용차로 다니거나 걸어다녔다. 황금이 귀한 것이 아니고 편안함과 즐거움에 돈의 가치가 있는 것이다. (黃金 未是貴 安樂値錢多/명심보감 성심편 上) 소동파는 "까닭없이 천금을 얻는 것은 큰 복이 되는 것이 아니라 반드시 큰 재앙이 있을 것이라" 했다.(無故而得千金 不有大福 必有大禍/蘇東坡//명심보감 성심편 下)

성경은 "진리가 너희를 자유케 하리라"는 구절이 있다(요한복음 8:32). 지유란 무엇인가? 남에게 구속을 받거나 무엇에 얽매이지 않고 자기 뜻에 따라 행동하는 것, 또는 무엇에 얽매이지 않고 자기 뜻에 따라 마음대로 할 수 있는 상태에 있는 것이 아닌가?

인간은 누구나 어떤 것에 얽매이거나 구속받기를 싫어한다. 시간과 공간의 제한까지도 자유롭게 될 때 참된 평화와 해방의 기쁨을 느끼게 된다. 우리의 심령도 마찬가지이다. 세상 것으로부터도 자유하게 되는 사람이 되어야 비로소 해방의 기쁨을 느끼게 되는 것이다.

성경에 기독교인의 자유에 대하여 말한 책으로는 〈갈라디아서〉가 있다. 이 책은 '기독교 자유의 대헌장(Magna Charta)'이요, 그리스도인의 자유에 대한 선언의 책이라고 불리고 있다. "형제들아, 너희가 자유를 위하여 부르심을 입었으나 그 자유로 육체의 기회를 삼지 말고 오직 사랑으로 서로 종노릇 하라."라고 말한다.(갈 5:13) 이 말씀은 기독교인들에게 자유란 본질적으로 어떠한 것인지를 잘 말해주고 있다. 그것은 '육체의 기회를 삼는 것이 자유가 아니라, 오직 사랑으로 서로 종노릇하는 것'이라고 말한다. 그리스도인이 가진 자유는 육체에 얽매이는 것이 아니라 서로 사랑하며, 서로 섬기며, 살아가라고 주신 자유인 것이다. '죄에로의 자유'가 아니라, '죄로부터의 해방된 자유'이어야 한다는 것이다.

소탐대실(小貪大失)이란 말이 있다. 욕심을 적당히 갖는 것은 발전을 가져올 수 있지만 지나치게 많으면 욕이 된다. "하늘이 칠보를 비처럼 내리어도 욕심은 오히려 배부를 줄 모르나니, 즐거움은 잠깐이요 괴로움이 많음을 어진 이는 이것을 깨달아 안다."라고 했다(법구경). 욕심은 끝이 없어 그 욕심이 사람을 망하게 만드는 것이다 다.

〈채근담〉에 "탐욕하는 자는 금을 얻어도 더 못 얻음을 한하고, 공(公)이 되어도 제후(諸侯) 못됨을 불평하나, 족함을 아는 이는 명아주국도 고깃국이나 쌀밥보다 맛있게 여기며, 베와 도포는 여우의 가죽보다 따뜻하게 여겨 서민으로서도 왕공(王公)을 부러워하지 않는다." 〈경행록〉에 "자기 삶을 보전하려는 자는 욕심을 적게 하고, 몸을 보전하려는 자는 세사에 이름이 나는 것을 피하나니, 욕심을 없애기는 쉬우나 명예를 없게 하기는 어려운 법이다.(景行錄 曰 保生者寡慾 保身者避名 無慾易無名難/경행록//명심보감 정기편)"

욕심 많은 개가 고기 덩어리를 물고 다리를 건너가다가 물에 비친 자기 모습을 보았다. 물속에 커다란 개 한 마리가 고깃덩어리를 물고 자기를 노려보고 있었다. 문득 그 고기까지 빼앗아 먹고 싶어 그 그림자를 향해 컹컹 짖자 그 바람에 고기를 물속에 풍덩 빠뜨리고 말았다.

어느 마을에 아주 게으른 청년이 한 명 살았다. 어느 날 그 청년에게 한 스승이 찾아와서 이렇게 물었다.

"내가 자네에게 천만 원을 거저 준다면 자네는 그것으로 무엇을 하겠나?"

청년은 한참을 생각하더니 이렇게 대답했다.

"천만 원 가지고는 조금 부족한데요. 이천만 원을 준다면 몰라도… ."

스승은 아무 말도 하지 않고 그 청년의 집에서 나와 버렸다. 그 청년에게 이천만 원을 준다고 해도 아무런 소용이 없다는 것을 알았기 때문이다. 이게 허욕(虛慾) 이다. "인간은 백 살 사는 사람이 드물건만 부질없이 천년 계획을 세운다.(人無百歲 枉作千年計/명심보감 존심편)"

인생의 허무를 극복하는 길은 세상 욕심을 버리고 하늘의 소망을 갖고 사는 것이다. 성경은 육체를 따라 행하지 말고 성령을 따라 행하라고 말한다. 그러면 육체의 욕심이 이루지 아니하리라고 했다. "육체의 소욕은 성령을 거스르고 성령은 육체를 거스르나니 이 둘이 서로 대적함으로 너희가 원하는 것을 하지 못하게 하려 함이니라"라고 했다(갈 5:17). 그렇게 되기 위해서는 육체와 함께 그 정욕과 탐심을 십자가에 못 박으라고도 말한다(갈 5:24). 불의와 추악과 탐욕, 악의, 시기, 미움, 분쟁, 사기, 악독,

수군거림, 비방, 교만 등을 단호히 십자가에 못 박고 죄와 싸워서 이길 때 비로소 자유로운 삶이 된다는 것이다.

공자(孔子)의 〈논어〉 위정편(爲政篇)에 '일흔 살'을 달리 이르는 말로 종심(從心)이란 말이 있는데, "나이 70이 되니 마음이 하고자 하는 바를 좇아도 도(道)에 어그러지지 않았다(從心所欲不踰矩)"라고 한 데에서 온 말이다. 규범이나 원칙에 얽매여 거룩한 생활의 강박관념에 묶여 억지로 그런 생활을 하려다가 고통을 받는 것이 아니라, 세상 것으로부터의 자유는 진리를 통해 저절로 몸에 배어 이루어지는 것이다. 하나님의 말씀을 깊이 묵상하는 가운데 자연스럽게 그 뜻을 따라 살아가게 되는 것이다. 이것이 바로 성공하는 자의 모습이다.

우리는 여유도 없고 경쟁밖에 모르는 사회 속에서 경쟁하면서 달려왔다. 그런데 경쟁에서 뒤지면 자존감이 무너지고 허탈감에 빠지는 것이다. 이런 현상이 어디에서 오는가? '나는 이런 사람인데' 하고 인정을 받으려는 데서 온다. 권력을 자랑하고, 돈을 자랑하고, 집을 자랑한다. 자랑할 것이 없으면 좌절하거나 허탈감에 빠진다.

지금은 우리는 모두 아픈 병에 걸려 있다. 그 병에서 벗어나야 한다. 그러면 어떻게 해야 하나? 남을 신경을 쓰지 말아야 한다. 비교하지 말아야 한다. 그러기 위해서는 모든 것을 내려놓아야 한다. 돈에 집착하고, 권력에 집착하고, 명예에 집착하다 보면 욕심은 한도 끝도 없이 이어진다. 결코 행복할 수가 없다.

권력이란 무엇인가? 또 돈이란 무엇인가? 잠시 동안 호의호식하다가 죽는 것은 가난하게 살다가 죽는 이와 조금도 다름이 없다. 우리는 어디서 와서 왜 살며 어디로 가는지 알지는 못하지만, 어차피 이 세상에 발을 디뎠으면 어떻게든지 살다가 가는 것이 인생이다. 그렇다면 어떻게 살다가 가는 것이 현명한가? 인생이란 그리 길지도 않고, 또한 이 순간이 지나면 다시는 돌아오지 않는 것이 인생이다. 그러므로 오늘에 충실하고 보람있게 보내야 한다. 평균 수명은 의학기술의 발달과 위생의 개선, 다양한 환경 변화에 따라 점점 길어지고 있지만 여전히 인생은 단 한 번이라는 사실이다.

성경에 달란트의 비유가 나온다. 어떤 사람이 타국에 갈 때 그 종들을 불러 자기 소유를 각각 그 재능대로 한 사람에게는 금 다섯 달란트를, 한 사람에게는 두 달란트를, 한 사람에게는 한 달란트를 맡기고 떠났다. 얼마 후에 주인이 돌아와 종들을 모두 불러 그가 떠날 때 맡겼던 것을 가지고 와서 결산하도록 했다. 다섯 달란트와 두 달란트를 받은 자는 다시 다섯 달란트와 두 달란트를 남겨 주인에게 가져왔다. 이때 주인이 이르되, "잘하였도다 착하고 충성된 종아 네가 적은 일에 충성하였으매 내가 많은 것을 네게 맡기리니 네 주인의 즐거움에 참여할지어다"라고 했다,

그런데 한 달란트를 받은 자는 그것을 가지고 장사를 해서 이윤을 남길 생각은 하지 않고, 가서 땅을 파고 그 주인의 돈을 감추어 두었다가 그대로 가져왔다. 이에 그 주인이 대답하여 이르되, "악하고 게으른 종아 나는 심지 않은 데서 거두고 헤치지 않은 데서 모으는 줄로 네가 알았느냐 그러면 네가 마땅히 내 돈을 취리하는 자들에게나 맡겼다가 내가 돌아와서 내 원금과 이자를 받게 하였을 것이니라"(25, 27절)고 말했다. 그러고

나서, "그에게서 그 한 달란트를 빼앗아 열 달란트 가진 자에게 주라. 무릇 있는 자는 받아 풍족하게 되고 없는 자는 그 있는 것까지 빼앗기리라. 이 무익한 종을 바깥 어두운 데로 내쫓으라. 거기서 슬피 울며 이를 갈리라"(27-29절)고 했다.

우리는 여기서 칭찬받은 두 종과, 내어 쫓김을 당하는 한 종을 보게 된다. 앞의 두 종은 "착하고 충성된 종"이라 했고, 나머지 한 종은 "악하고 게으른 종"이라 했다. 성경은 이렇게 "착하고 충성된 종"과 "악하고 게으른 종"으로 나누어 좋은 대조를 보이고 있다.

이 비유는 종말에 두 부류의 사람들이 최후에 맞이하게 될 상반된 모습을 대조적으로 보이고 있다. 이 달란트의 비유는 종말에 가서 이루어질 천국 비밀의 모습을 보여준 것이다. 다시 말하면 천국은 어떤 사람들이 들어가는가를 비유로 말한 것이다. 그리고 이 비유는 오늘날 우리에게도 적용될 것이다.

이 이야기에서 하나님은 네가 무슨 일을 했느냐로 따지지 않았다. 무슨 일이건 주어진 일에 최선을 다했느냐 아니냐로 평가한 것이다.

페이지라는 교수가 있었다. 그는 장님이었는데 노력을 해서 교수가 된 사람이다. 어느 날 학생들이 시험을 본 것을 채점을 하고, 어느 학생에게 낙제 점수를 주었다. 이에 그 학생들이 항의하러 왔다. 그러자 페이지 교수가 더듬거리며 학생들 앞에 나와 서서 '변명을 하는 사람이 되지 말라'고 했다. 죽어서 '나는 이러이러한 일로 낙제점수를 받았습니다.' 말해도 아무 소용이 없다는 것이다. 이 이야기는 어떻게 사는 삶이 승리하는 삶인가를 생각게 한다.

미국의 시인이며 수필가였던 헨리 데이비드 소로는 “성공이란 내 안에 기쁨이 들어와 행복하다는 생각이 자주 떠오르는 것을 말한다. 따라서 아무리 작은 일이라도 자신이 하는 일을 통해 기쁨을 누리고 다른 이에게 좋은 영향을 끼친다면 그 사람 역시 성공한 사람이라 할 수 있다.” 자기가 하는 일에서 기쁨을 얻는 사람만이 그 일에서 성공했다고 할 수 있다는 것이다.

이 세상은 내가 주인이다. 내가 존재하지 않는다면 이 우주도 존재할 수 없으니 결국은 이 우주는 나를 위해 만들어졌다. 어떤 사람들은 자신을 거대한 인간 사회의 작은 부속품으로 여긴다. 자신을 성공한 사람들의 소모품이라고 생각하는 이도 있다. 그것은 참 잘못된 생각이다. 당신이 존재하지 않는다면 이 우주도 존재할 수 없다. “내가 세상을 위해서가 아니라 세상이 나를 위해서 있다.” 토비아스 스몰렛의 말이다.

〈시편〉에는 누가 복 있는 사람인가에 대하여 말하고 있다. “복 있는 사람은 악인들의 꾀를 따르지 아니하며 죄인들의 길에 서지 아니하며 오만한 자들의 자리에 앉지 아니하고 오직 여호와의 율법을 즐거워하여 그의 율법을 주야로 묵상하는도다. 그는 시냇가에 심은 나무가 철을 따라 열매를 맺으며 그 잎사귀가 마르지 아니함 같으니 그가 하는 모든 일이 다 형통하리로다. 악인들은 그렇지 아니함이여 오직 바람에 나는 겨와 같도다. 그러므로 악인들은 심판을 견디지 못하며, 죄인들이 의인들의 모임에 들지 못하리로다. 무릇 의인들의 길은 여호와께서 인정하시나, 악인들의 길은 망하리로다”(시 1:1~6)라고 말하고 있다. 누가 복 있는 사람이냐? 의인이라는 것이다. 예수께서는 심령이 가난한 자, 애통하는 자, 온유한 자, 의에 주리고 목마른 자, 긍휼히 여기는 자, 마음이 청결한 자, 화평하게 하는 자, 의를 위하여 박해를 받은 자로, 하늘에서 너희의 상이 큼이라(마 5:3~12) 했다. 예수 그리스도를 구세주로 믿으면서, 허무한 인생을 허무로 여기지 않고 하늘의 산 소망을 가지고, 감사함으로 최선을 다해 즐겁게 살아가는 사람이 나그네 인생을 성공적인 삶으로 사는 사람일 것이다.

6. 내 인생의 나침반

나침반은 길을 안내하는 데 꼭 필요한 물건이다. 지금으로 말하면 자동차의 내비게이션이다. 내비게이션이 길을 안내하듯이 인생의 나침반은 하나님을 가리키고 있어야 한다. 나침반으로 사는 사람은 가야 할 길을 알고 그 길대로 가려는 의지가 있다. 목표와 목적과 방향이 있는 것이다. 가야 할 목적지가 있다. 이런 사람들은 자기가 불행하다거나 인생이 허무하다는 생각을 갖지 않는다.

세상에서 가장 불행한 사람은 하나님이 없다고 하는 사람이다. 바울은 〈로마서〉에서 하나님을 영화롭게도 아니하며, 감사하지도 아니하고, 오히려 그 생각이 허망하여지며, 미련한 마음이 어두워졌나니, 스스로 지혜 있다 하나 어리석게 되어, 썩어지지 아니하는 하나님의 영광을 썩어질 사람과 새와 짐승과 기어다니는 동물 모양의 우상으로 바꾸었느니라."(로마서 1:17-22)고 말한다. 스스로 지혜롭다 하나 세상 것에만 집착하다가 멸망할 사람들을 두고 한 말이다.

그런 사람은 육체의 행복만을 위해 일하다가 점점 그 일에 노예가 되어버린다. 그러다가 지치면 좌절과 허무함이 온다. 우리에게 필요한 것은 또 하나의 시계가 아니라 방향 감각을 잡아줄 나침반이다. 매일 순간마다 분명한 방향을 잡아줄 나침반을 가지고 살아야 한다. 곧 하나님의 말씀이다.

칼 힐티는 "인생의 가장 행복하고, 가장 의미 있고, 보람된 날이 언제냐 하면 바로 자기의 사명감을 깨닫는 날"이라고 했다. 사명감은 위대한 힘의 원천이다. 각자가 무슨 일 하느냐가 중요한 것이 아니다. 내게 맡겨진 일을 긍지를 가지고 보람을 느끼며 자랑스럽게 내가 하는 일을 사랑하면서 하는 사명적 존재로 살고 있는 것이 허무를 극복하는 길이요 인생을 사랑하는 길이다.

프랑스 최고의 작가 빅토르 위고(Victor Hugo)는 "어딘가를 향해 열심히 달리고 있는 당신, 당신은 지금 자신이 진정으로 원하는 길을 달리고 있습니까? 혹시 남들의 기대에 떠밀려 엉뚱한 길에서 헤매고 있지는 않습니까? 혹시 왜 달리고 있는지 그 이유조차 모르고 있지는 않나요? 만일에 그렇다면 지금이라도 당장 달리는 것을 멈춰야 합니다. 아직도 늦지 않았습니다. 당신이 진정으로 달리고 싶은 길을 찾아서 달리십시오. '미래를 창조하기에 꿈만큼 좋은 것은 없습니다. 오늘의 유토피아가 내일의 현실이 될 수 있습니다."라고 말했다.

"우리는 사실 시간의 소중함을 잘 알지 못합니다. 늘 주어지는 것 같고 조금 늦어도 나를 기다려주는 것 같기 때문입니다. 그러나 그것은 착

각입니다. 항상 주어지는 것은 맞지만 시간은 결코 뒤처지는 당신을 기다려주지는 않습니다. 때로는 야속(野俗)할 만큼 휑하니 가버립니다. 매시간 새롭게 주어지는 시간을 소중히 사용해야 합니다. 소중히 사용한 순간이 쌓여 성공을 이룹니다. '하루하루 주어진 시간을 얼마나 잘 활용했느냐에 인생이 달려있습니다." 미국 헌법 제정자 중 한 사람이며, 발명가이자 외교관이었던 벤저민 프랭클린(Benjamin Franklin)의 말이다.

인간은 자기의 삶을 설계하면서 살아간다. 우리의 삶과 생을 훌륭하고 아름답게 설계하기 위해서는 중요한 한 가지 사실을 깨달아야 한다. 인생은 허무하고 무상하지만, 허무하다고만 생각하지 말고, 인간의 실존에 대한 바른 인식을 갖고 긍정적인 마음으로생각을 바꾸어야 한다. 그리고 그 허무를 하나님 말씀으로 극복하고, 저 천국을 소망하며 살 때 승리하는 삶이 되는 것이다.

인생의 성공은 생애 대한 좋은 설계도를 준비하고 그 설계도대로 정확하고 성실하게 건물을 지어가는 데 있다. 그런 의미에서 하나님의 말씀은 우리의 생을 건축할 때 쓰는 좋은 설계도이다. 인생이라는 나그네의 여행에서 우리는 환희와 벅찬 감동 그리고 성취감을 맛보기도 하지만, 때로는 두려움과 시련 그리고 좌절을 겪기도 한다. 따라서 우리에게는 인생의 길목마다 해야 할 행동들과 가야 할 방향들을 보여주는 지표가 필요하다. 그것은 바로 하나님을 향한 인생의 나침반이다.